KB216516

초등 필수 영단어
한 권으로 끝

초등 필수 영단어
한 권으로 끝

초판 1쇄 인쇄 2020년 1월 7일
초판 21쇄 발행 2025년 4월 3일

지은이 이문필
펴낸이 고정호
펴낸곳 베이직북스

주소 서울시 금천구 가산디지털1로 16, SK V1 AP타워 1221호
전화 02) 2678-0455
팩스 02) 2678-0454
이메일 basicbooks1@hanmail.net
홈페이지 www.basicbooks.co.kr
블로그 blog.naver.com/basicbooks_
인스타그램 www.instagram.com/basicbooks_official
출판등록 제 2021-000087호

ISBN 979-11-6340-033-2   63740

이문필 지음

초등필수
영단어

교육부
지정

한 권으로 끝

베이직북스

이 책의 특징

초등과정에 필요한 어휘학습을 완벽하게 마스터할 수 있어요!
(2,000여 개 단어 수록)

- 교육부 지정 초등 필수 영단어 800개 수록
- 주제별 영단어 777개(일부 중복 단어 포함)
- 어원 영단어 384개(일부 중복 단어 포함)
- 교육부 지정 필수 영단어 800개 쓰기노트

로 구성하여 초등과정의 영어어휘 학습을 촘촘하고 완벽하게 학습할 수 있도록 구성하였습니다. (권장학습: 필수영단어 학습 후 주제별 영단어와 어원 영단어 학습을 권장합니다.)

풍부한 2,000여 개의 예문과 이해하기 쉬운 1,000여 개의 일러스트를 수록했어요!

- 초등 필수 영단어 표제어의 품사별 예문을 수록하여 문장을 통해 단어의 활용을 정확하게 확인할 수 있습니다.
- 예문의 의미를 이미지화 한 일러스트를 수록하여 보다 효과적인 단어 암기가 가능하도록 하였습니다.

영문발음기호와 한글발음을 동시에 수록하여 단어공부가 재밌어요! (원어민 MP3 및 QR코드 제공)

- 영문발음기호는 기본적으로 미국식 발음을 기준으로 하였습니다.
- 한글발음은 우리나라 한글 맞춤법 규칙에 맞는 형태로 표기하였습니다. 이는 정확한 원어민의 발음을 표현하려고 자모음 규칙에 맞지 않는 한글을 표기하게 되면 오히려 한글을 읽는 것이 더 어려울 수 있기 때문입니다. 따라서 한글표기발음은 참고용으로 활용하는 것이 좋으며 정확한 단어의 발음은 제공되는 원어민의 MP3 음원으로 확인하기를 권장합니다.

8품사(단어의 종류)

단어는 8가지의 종류로 분류되며, 품사[종류]에 따라 문장 속에서 각각의 역할이 다릅니다.

명사 사람, 사물, 장소 등의 이름을 나타내는 말로, 문장에서 주어, 목적어, 보어 등의 역할을 합니다.

동사 사람이나 사물의 움직임, 상태를 나타내는 말로, 문장에서 ~(이)다/~(하)다 등으로 해석됩니다.

형용사 사람이나 사물 즉, 명사의 성질, 상태, 수량 등을 나타내는 말입니다. 문장에서 명사를 꾸며주는 역할을 합니다.

부사 동사, 형용사, 부사 또는 문장 전체를 꾸며주는 말로, 대개 '~ly'로 끝나는 단어가 많고 '~하게'로 해석되는 경우가 많습니다.

대명사 명사를 대신해서 사용하는 말로, 인칭/지시/의문/부정대명사 등이 있습니다.

전치사 글자풀이로 보면 '앞쪽에 놓다'라는 의미입니다. 단어 중에 명사나 대명사의 앞에 놓여 시간/장소/방향/방법 등을 표시하는 단어입니다.

관사 글자풀이로 보면 '갓을 쓰다'라는 의미로 예전에는 갓의 종류에 따라 신분을 나타내었다고 합니다. 따라서 관사는 뒤에 나오는 단어인 명사나 대명사에 영향[제한]을 주는 역할을 합니다. 종류는 정관사 'the'와 부정관사 'a, an'이 있습니다.

접속사 말과 말을 연결한다는 뜻으로, 문장 속에서 단어와 단어/구와 구/절과 절 등을 연결하는 역할을 합니다.

이 책의 구성

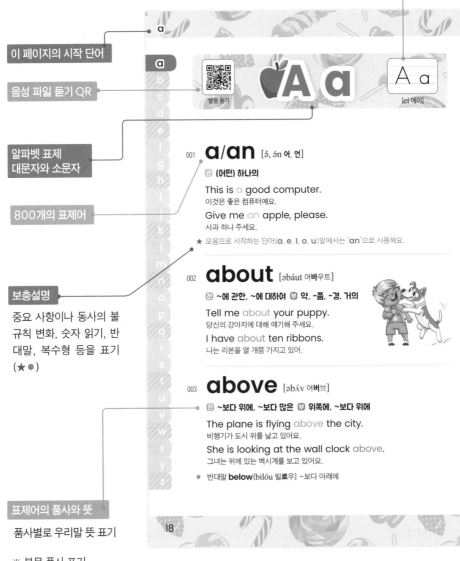

알파벳 표제 바르게 쓰기

4선에 균형 있게 쓰여진
대문자와 소문자 표기

이 페이지의 시작 단어

음성 파일 듣기 QR

발음 듣기

[ei 에이]

**알파벳 표제
대문자와 소문자**

800개의 표제어

보충설명

중요 사항이나 동사의 불
규칙 변화, 숫자 읽기, 반
대말, 복수형 등을 표기
(★ ●)

표제어의 품사와 뜻

품사별로 우리말 뜻 표기

---

001 **a/an** [á, án 어, 언]

관 **(어떤) 하나의**

This is a good computer.
이것은 좋은 컴퓨터예요.

Give me an apple, please.
사과 하나 주세요.

★ 모음으로 시작하는 단어(a, e, i, o, u)앞에서는 'an'으로 사용해요.

002 **about** [əbáut 어바우트]

전 **~에 관한, ~에 대하여** 부 **약, -쯤, -경, 거의**

Tell me about your puppy.
당신의 강아지에 대해 얘기해 주세요.

I have about ten ribbons.
나는 리본을 열 개쯤 가지고 있어.

003 **above** [əbʌ́v 어버브]

전 **~보다 위에, ~보다 많은** 부 **위쪽에, ~보다 위에**

The plane is flying above the city.
비행기가 도시 위를 날고 있어요.

She is looking at the wall clock above.
그녀는 위에 있는 벽시계를 보고 있어요.

● 반대말 **below**[bilóu 빌로우] ~보다 아래에

18

※ 본문 품사 표기

명 **명사** 동 **동사** 형 **형용사** 부 **부사** 대 **대명사** 전 **전치사** 관 **관사** 접 **접속사**

조 **조동사** 감 **감탄사**

교육부 지정 초등 필수 영단어 800개를 알파벳순으로 정리하였습니다. 발음은 영어 발음 기호에 익숙하지 않은 학생들을 위해 영어와 한글 발음을 함께 표기하였습니다. 정확한 실제 발음은 원어민의 음원 파일을 들으면서 확인해 보세요.

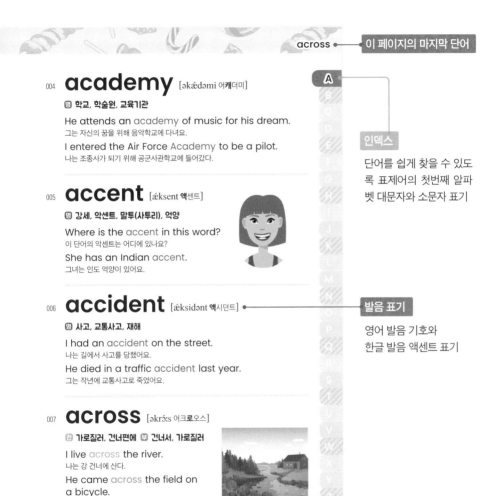

across ● ─── 이 페이지의 마지막 단어

A

004 **academy** [əkǽdəmi 어캐더미]

⟨명⟩ 학교, 학술원, 교육기관

He attends an academy of music for his dream.
그는 자신의 꿈을 위해 음악학교에 다녀요.
I entered the Air Force Academy to be a pilot.
나는 조종사가 되기 위해 공군사관학교에 들어갔다.

005 **accent** [ǽksent 액센트]

⟨명⟩ 강세, 악센트, 말투(사투리), 억양

Where is the accent in this word?
이 단어의 악센트는 어디에 있나요?
She has an Indian accent.
그녀는 인도 억양이 있어요.

006 **accident** [ǽksidənt 액시던트] ●

⟨명⟩ 사고, 교통사고, 재해

I had an accident on the street.
나는 길에서 사고를 당했어요.
He died in a traffic accident last year.
그는 작년에 교통사고로 죽었어요.

007 **across** [əkrɔ́ːs 어크로오스]

⟨전⟩ 가로질러, 건너편에 ⟨부⟩ 건너서, 가로질러

I live across the river.
나는 강 건너에 산다.
He came across the field on
a bicycle.
그는 자전거를 타고 들판을 가로질러 왔습니다.

인덱스

단어를 쉽게 찾을 수 있도록 표제어의 첫번째 알파벳 대문자와 소문자 표기

발음 표기

영어 발음 기호와
한글 발음 액센트 표기

19

예문

표제어를 사용한 예문을 각 품사별로 제시하였으며,
예문의 표제어는 품사별로 다른 색으로 표기

실생활과 회화에 많이 사용되는 단어를 이미지와 함께 익힐 수 있습니다. 31개의 주제로 나누었으며 777개의 단어가 수록되어 있습니다. 발음은 한글로 표기하였으며 정확한 발음은 mp3 음원 파일을 통해 확인해보세요. 음성파일을 들으며 단어를 익히고 이미지를 보면서 단어를 떠올려보세요.

음성 파일 듣기 QR

주제 구분

활용 예문

주제별 단어를 활용한 대화문 수록

단어의 이미지

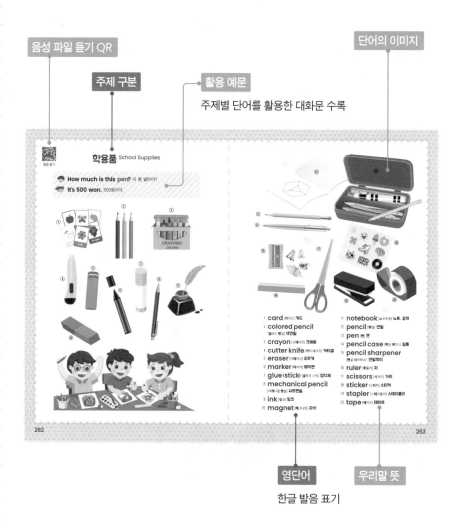

영단어

한글 발음 표기

우리말 뜻

Part 3 · 어원 영단어 익히기

영단어 학습을 과학적이고 체계적으로 확장시킬 수 있는 핵심 어원을 익힐 수 있습니다. 접두사 20개, 접미사 24개를 수록하였으며 단어별로 요소의 의미를 결합하는 방식을 표기하였습니다. 어원 학습법을 통해 단어에 대한 기억력이 오래 지속되고 모르는 단어의 의미를 유추할 수 있습니다.

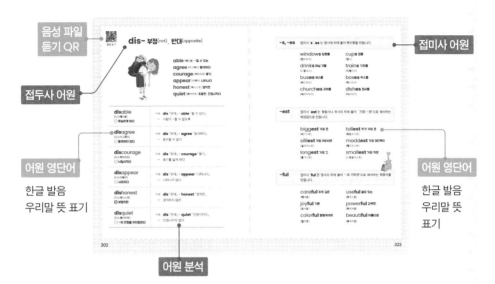

Part 4 · 초등 필수 영단어 800 쓰기

듣고 말하고 쓰면서 초등 필수 영단어를 완벽하게 익혀 보세요. 하루에 10개씩 80일이면 끝낼 수 있습니다.

이 책의 활용법

Part 1 초등 필수 영단어 800 익히기

교육부 지정 800단어는 초등교과과정에서 익혀야 할 필수적인 단어들로 반드시 암기해야 합니다. 완벽하게 암기하려면 결국 반복학습을 해야 하고 반복하는 시간 또한 최대한 짧아야 합니다. 반복하는 시간이 길어지면 장기기억화되지 않아 결국 외운 단어들을 쉽게 잊어버리게 됩니다. 아래의 제시 순서를 참고하여 학습하면 영단어 암기에 도움이 될 것입니다.

1. 처음 단어공부를 할 때에는 원어민 MP3 음원을 들으면서 소리로 단어를 암기하세요. 이 때 책은 눈으로만 보세요. 이 과정을 통해 발음을 듣고 단어 뜻을 말할 수 있을 때까지 반복하세요.

소리만으로 학습하는 이 과정에서 주의해야 할 점은 책을 보면서 음원을 들을 때 단어의 악센트를 의식하면서 발음하는 것이 중요합니다.

2. 1번의 과정이 끝나면 **영문발음기호 또는 한글발음의 음절(글자 하나)단위로 단어를 분석하여 학습해보세요.** 예를 들어 'house'라는 단어는 '하우스'라고 읽습니다. '하'의 발음에 해당하는 스펠링은 'ho', '우'의 발음에 해당하는 스펠링은 'u', '스'의 발음에 해당하는 스펠링은 'se'라는 것을 의식해가면서 눈으로 학습합니다. 이렇게 음절단위로 끊어서 익히면 다음에 단어의 발음만 들어도 스펠링을 유추해 낼 수 있는 능력이 키워지며, 스펠링을 올바르게 쓰는 데도 많은 도움이 될 것입니다. 이 과정은 보통 2회에서 3회 정도 반복합니다.

3. 2번 과정을 학습한 후에는 MP3 음원을 들으면서 머릿속으로 영어단어를 떠올려 보세요. 1번과 2번 과정을 거쳤다면 스펠링이 아니라 단어를 이미지[그림]로 떠올릴 수 있을 겁니다. 만약 이미지가 떠오르지 않는다면 1번과 2번 과정이 충분히 학습되지 않은 것이니 다시 공부해 보세요. 이 과정 또한 2회에서 3회 정도 반복합니다.

4. 앞선 과정들이 끝나면 이번에는 **올바른 단어 쓰기를 학습합니다.** 쓰기연습을 할 때도 영문알파벳으로 외워서 쓰면 안 됩니다. 예를 들어 'house'라는 단어의 스펠링을 암기할 때 '에이취' '오' '유' '에스' '이'라고 스펠링을 하나씩 떼어내서 암기 하는 것이 아니라 '하(ho)/우(u)/스(se)'라고 발음하면서 해당 음절의 발음에 맞는 철자를 쓰면서 암기합니다. 이는 우리말 '사과'라는 단어를 익힐 때 'ㅅ' 'ㅏ' 'ㄱ' 'ㅗ' 'ㅏ'로 구분해서 외우지 않는 것과 같은 의미입니다.

앞에서 설명한 방법으로 학습하면 영어의 듣기와 읽기, 쓰기를 모두 잘 할 수 있는 영단어 학습이 될 것입니다.

Part 2 주제별 영단어 익히기

주제별 영단어 파트는 한글발음만 표기하였습니다. 이는 두 가지의 의미가 있습니다.

첫째, 책에 있는 모든 단어를 암기하면 좋겠지만 현실적으로 전체를 다 외우는 것은 쉬운 일이 아닙니다. 이 책은 교육부 지정 800단어를 영어공부를 위한 종자

단어로 삼기 위해 완벽하게 암기하는 것을 목표로 합니다. 따라서 주제별 영단어의 단어들과 다음 파트 어원학습 영단어들은 쓰기를 위한 스펠링 암기까지가 목표는 아닙니다.

둘째, Part 2의 단어들은 주제와 연관된 단어들로서 묶음으로 암기를 하는 것이 좋기 때문에 음원을 통해 소리와 이미지로 학습하는 것이 효과적입니다.

Part 3 어원 영단어 익히기

어원 영단어를 학습하는 이번 파트는 우선 개별 단어를 암기하기 위한 파트가 아닙니다. 이번 파트에서 나오는 **20개의 접두사**와 **24개의 접미사**의 의미를 정확하게 학습하는 것이 목적입니다. 따라서 이 파트를 학습하고 나면 영어 문장 속에서 처음 만나는 단어도 그 뜻을 유추해 낼 수 있는 힘이 길러질 것입니다. 굉장히 많은 접두사와 접미사들이 있지만 이 책에 제시된 20개의 접두사와 24개의 접미사는 영어 어원의 90퍼센트 이상을 차지하기 때문에 초등과정에서의 어원학습으로 충분합니다.

Part 4 초등 필수 영단어 800 쓰기

초등 영단어 800 쓰기 파트는 Part 1의 학습 순서에 맞춰 선행학습을 한 후에 마지막 단계에서 활용해야 합니다. 처음부터 쓰기를 하면 얼마가지 못해 단어 공부를 포기하게 되는 경우가 많으니 소리로, 또 이미지로 충분히 학습한 후에 쓰기 학습을 하면 능률이 훨씬 더 좋을 것입니다.

발음기호	소리	표기	예시단어			
[g]	그	ㄱ	game	[géim 게임]	tiger	[táigər 타이거]
[n]	느	ㄴ	need	[níːd 니이드]	nice	[náis 나이스]
[d]	드	ㄷ	dog	[dɔ́ːg 도오그]	drink	[dríŋk 드링크]
[ð]	드	ㄷ	the	[ðə́ 더]	that	[ðǽt 댓트]
[l]	르	ㄹ	late	[léit 레이트]	like	[láik 라이크]
[r]	르	ㄹ	road	[róud 로우드]	right	[ráit 라이트]
[m]	므	ㅁ	milk	[mílk 밀크]	memory	[méməri 메머리]
[b]	브	ㅂ	boy	[bɔ́i 보이]	buy	[bái 바이]
[v]	브	ㅂ	very	[véri 베리]	voice	[vɔ́is 보이스]
[s]	스	ㅅ	say	[séi 세이]	school	[skúːl 스쿠울]
[θ]	쓰	ㅆ	three	[θriː 쓰리이]	math	[mæθ 매쓰]
[ŋ]	응 받침으로사용	ㅇ	sing	[síŋ 싱]	strong	[strɔ́ːŋ 스트로옹]
[z]	즈	ㅈ	zoo	[zúː 주우]	zebra	[zíːbrə 지이브러]
[ʤ]	즈,쥐	ㅈ,쥐	just	[dʒʌ́st 저스트]	energy	[énərdʒi 에너쥐]
[t]	트	ㅌ	tell	[tél 텔]	toy	[tɔ́i 토이]
[k]	크	ㅋ	clock	[klák 클락]	coin	[kɔ́in 코인]
[f]	프	ㅍ	fun	[fʌ́n 펀]	free	[fríː 프리이]
[p]	프	ㅍ	pig	[píg 피그]	play	[pléi 플레이]
[h]	흐	ㅎ	help	[hélp 헬프]	home	[hóum 호움]
[ʃ]	쉬	쉬	push	[púʃ 푸쉬]	she	[ʃíː 쉬이]
[ʧ]	츠,취	ㅊ,취	chain	[tʃein 체인]	touch	[tʌ́tʃ 터취]
[ʒ]	쥬	쥬	usually	[júːʒuəli 유쥬우얼리]	decision	[disíʒən 디시쥬언]
[w]	우	우	wear	[wɛər 웨어]	work	[wɔ́ːrk 워어크]
[j]	이	이	year	[jíər 이어]	young	[jʌ́ŋ 영]

발음기호	소리	표기	예시단어			
[ɑ]	아	ㅏ	art	[áːrt 아아트]	hot	[hát 핫]
[e]	에	ㅔ	many	[méni 메니]	very	[véri 베리]
[i]	이	ㅣ	this	[ðís 디스]	happy	[hǽpi 해피]
[ɔ]	오	ㅗ	all	[ɔ́ːl 오올]	coin	[kɔ́in 코인]
[u]	우	ㅜ	put	[pút 푸트]	could	[kúd 쿠드]
[æ]	애	ㅐ	fact	[fǽkt 팩트]	glass	[glǽs 글래스]
[ɛ]	에	ㅔ	hair	[héər 헤어]	wear	[wéər 웨어]
[ə]	어	ㅓ	angel	[éindʒəl 에인절]	area	[ɛ́əriə 에어리어]
[ʌ]	어	ㅓ	become	[bikʌ́m 비컴]	club	[klʌ́b 클럽]
[ɑː]	아ː	ㅏ	comedy	[kɑ́ːmədi 카아머디]	dark	[dɑ́ːrk 다아크]
[iː]	이ː	ㅣ	see	[síː 시이]	eat	[íːt 이-트]
[əː]	어ː	ㅓ	earth	[ə́ːrθ 어얼쓰]	purple	[pə́ːrpəl 퍼어플]
[uː]	우ː	ㅜ	room	[rúːm 루움]	food	[fuːd 푸우드]
[ɔː]	오ː	ㅗ	north	[nɔ́ːrθ 노어쓰]	morning	[mɔ́ːrniŋ 모오닝]
[ai]	아이	ㅏㅣ	like	[láik 라이크]	fly	[flai 플라이]
[au]	아우	ㅏㅜ	our	[áuər 아워]	how	[hau 하우]
[ei]	에이	ㅔㅣ	hate	[héit 헤이트]	hey	[héi 헤이]
[ɔi]	오이	ㅗㅣ	enjoy	[endʒɔ́i 엔조이]	join	[dʒɔin 조인]
[ou]	오우	ㅗㅜ	low	[lóu 로우]	hold	[hóuld 호울드]
[ɛər]	에어	ㅔㅓ	bear	[béər 베어]	airline	[ɛ́ərlàin 에어라인]
[iər]	이어	ㅣㅓ	ear	[íər 이어]	diary	[dáiəri 다이어리]
[uər]	우어	ㅜㅓ	poor	[púər 푸어]	sour	[sáuər 사우어]

[ː]표시는 소리를 길게내는 장음표시임

13

차례

♥ Part 1 초등 필수 영단어 800 익히기

♥ Part 2 주제별 영단어 익히기

💙 Part 3 어원 영단어 익히기

* 접두사 어원

* 접미사 어원

💙 Part 4 초등 필수 영단어 800 쓰기

Part 1

초등 필수 영단어
800 익히기

발음 듣기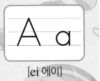
[ei 에이]

001 **a/an** [ə́, ə́n 어, 언]

관 (어떤) 하나의

This is a good computer.
이것은 좋은 컴퓨터예요.

Give me an apple, please.
사과 하나 주세요.

★ 모음으로 시작하는 단어(a, e, i, o, u)앞에서는 'an'으로 사용해요.

002 **about** [əbáut 어바우트]

전 ~에 관한, ~에 대하여 **부** 약, -쯤, -경, 거의

Tell me about your puppy.
당신의 강아지에 대해 얘기해 주세요.

I have about ten ribbons.
나는 리본을 열 개쯤 가지고 있어.

003 **above** [əbʌ́v 어버브]

전 ~보다 위에, ~보다 많은 **부** 위쪽에, (위치가) 위에

The plane is flying above the city.
비행기가 도시 위를 날고 있어요.

She is looking at the wall clock above.
그녀는 위에 있는 벽시계를 보고 있어요.

● 반대말 **below**[bilóu 빌로우] ~보다 아래에

004 # academy [əkǽdəmi 어캐더미]

명 학교, 학술원, 교육기관

He attends an academy of music for his dream.
그는 자신의 꿈을 위해 음악학교에 다녀요.

I entered the Air Force Academy to be a pilot.
나는 조종사가 되기 위해 공군사관학교에 들어갔다.

005 # accent [ǽksent 액센트]

명 강세, 악센트, 말투(사투리), 억양

Where is the accent in this word?
이 단어의 악센트는 어디에 있나요?

She has an Indian accent.
그녀는 인도 억양이 있어요.

006 # accident [ǽksidənt 액시던트]

명 사고, 교통사고, 재해

I had an accident on the street.
나는 길에서 사고를 당했어요.

He died in a traffic accident last year.
그는 작년에 교통사고로 죽었어요.

007 # across [əkrɔ́ːs 어크로오스]

전 가로질러, 건너편에 부 건너서, 가로질러

I live across the river.
나는 강 건너에 산다.

He came across the field on
a bicycle.
그는 자전거를 타고 들판을 가로질러 왔습니다.

a
b
c
d
e
f
g
h
i
j
k
l
m
n
o
p
q
r
s
t
u
v
w
x
y
z

008 **act** [ǽkt 액트]

명 행동, 행위 동 행동하다

He must stop a foolish act.
그는 어리석을 짓을 그만두어야만 해요.

Don't act rudely here.
여기서 무례하게 행동하지 마라.

009 **add** [ǽd 애드]

동 더하다, 추가하다[되다]

I like to add numbers.
나는 숫자 더하는 것을 좋아해요.

Add two glasses of milk.
우유 두 잔을 추가하세요.

010 **address** [명 ǽdres 애드레스, 동 ədrés 어드레스]

명 주소 동 연설하다

Can I have your e-mail address?
이메일 주소 좀 알려주세요?

The President addressed a meeting on world peace.
대통령은 회의참석자들에게 세계 평화에 관해 연설했습니다.

011 **adult** [ədʌ́lt 어덜트]

명 성인, 어른 형 성인의, 성숙한

Minho looks like an adult.
민호는 어른처럼 보여요.

She is an adult education tutor.
그녀는 성인 교육 강사예요.

012 # adventure [ædvéntʃər 애드**벤**취어]

명 모험, 모험심, 모험담

My hobby is watching adventure movies.
나의 취미는 모험 영화를 보는 거예요.

They went on an adventure to the sea.
그들은 바다로 모험을 떠났습니다.

013 # advise [ædváiz 애드**바**이즈]

동 충고하다, 조언하다, 권하다

The doctor advised me to exercise.
의사는 내게 운동을 권했어요.

Would you advise me on my career path?
제 진로에 대해서 조언 좀 해주실래요?

● **명 advice**[ædváis 애드**바**이스] 조언, 충고, 도움

014 # afraid [əfréid 어프레이드]

형 두려워하는, 겁내는

Don't be afraid.
두려워하지 마.

What are you afraid of the most?
가장 무서워하는 게 뭐예요?

015 # after [ǽftər 애프터]

전 ~후에, 다음에

Let's play tennis after school.
방과 후에 테니스 치자.

She eats dessert after lunch.
그녀는 점심을 먹고 난 후에 후식을 먹어요.

a

016 # afternoon [æftəɾnúːn 애프터누운]

명 오후

It's 2:20 in the afternoon.
오후 2시 20분입니다.

Let's go this afternoon.
오늘 오후에 가자.

★ 2시 20분은 **two twenty**[túː twénti 투 트웬티]라고 읽어요.

017 # again [əgén 어겐]

부 다시, 또

Please come again.
다음에 또 오세요.

She jumped again and again on the trampoline.
그녀는 트램펄린 위에서 몇 번이고 뛰었어요.

018 # against [əgénst 어겐스트]

전 ~에 반대하여, ~에 반항[저항]하여

This law is a rule against smoking.
이 법은 흡연에 반대하는 규정이다.

We are joining the campaign against violence.
우리는 폭력에 저항하는 운동에 참여하고 있어요.

019 # age [éidʒ 에이쥐]

명 나이

We are the same age.
우리는 동갑이다.

The child is tall for his age.
그 아이는 나이에 비해 키가 크다.

020 # ago [əgóu 어고우]

부 ~전에

I met my friends two years ago.
나는 2년 전에 친구들을 만났다.

The bus left a short time ago.
그 버스는 조금 전에 출발했다.

021 # agree [əgrí: 어그리이]

동 동의하다, 찬성하다, 의견이 일치하다

Do you agree with me?
제 말에 동의하세요?

They agreed on the end of the war.
그들은 전쟁의 중단에 합의했어요.

022 # ahead [əhéd 어헤드]

부 앞에, 앞쪽에

She was walking ahead of me.
그녀는 내 바로 앞에서 걸어가고 있었어요.

The shop is 20 meters ahead.
그 가게는 20미터 앞에 있어요.

★ **20 meters**는 [twénti míːtərz 트웬티 미터즈]라고 읽어요.

023 # air [éər 에어]

명 공기, 대기

The balloon is full of air.
풍선은 공기로 가득 차 있어요.

The indoor air feels cold.
실내 공기가 차갑게 느껴진다.

a

b c d e f g h i j k l m n o p q r s t u v w x y z

024 # **airline** [ɛ́ərlàin 에어라인]

명 항공사, 비행기, 에어라인

Korean Airlines is our national carrier.
대한항공은 우리의 국적 항공사예요.

I'd like to reserve an airline ticket.
비행기 티켓을 예약하고 싶어요.

---

025 # **airplane**(=plane) [ɛ́ərplèin 에어플레인]

명 비행기, 항공기, 여객기

Airplanes are the safest means of transportation.
비행기는 가장 안전한 교통수단이에요.

The airplane landed at the airport.
그 비행기는 공항에 착륙했다.

● 영국에서는 **aeroplane**[ɛ́ərəplèin 에어로플레인]이라고 해요.

---

026 # **airport** [ɛ́ərpɔ̀ːrt 에어포오트]

명 공항

Incheon International Airport
인천 국제 공항

The airplane is taking off from the airport.
비행기가 공항을 이륙하고 있다.

---

027 # **all** [ɔ́ːl 오올]

형 모든 **대** 모두

All the frog are green.
모든 개구리는 초록색이다.

We all like sports.
우리 모두 운동을 좋아 해요.

028 # almost [ɔ́ːlmoust 오올모우스트]

🔘 거의, 대부분

My dad came home almost midnight.
아빠는 거의 자정이 다 되서 집에 오셨어요.

Almost all students study hard.
거의 대부분의 학생들은 열심히 공부해요.

029 # alone [əlóun 얼로운]

🔘 혼자인 🔘 혼자, 홀로

I am not alone in this house.
나는 이 집에서 혼자 사는 건 아니다.

He went on a trip alone.
그는 홀로 여행을 떠났어요.

030 # along [əlɔ́ːŋ 얼로옹]

🔘 ~을 따라서

Keep walking along the street.
길을 따라 계속 걸어가라.

There are birds along the path.
오솔길을 따라 새들이 있다.

031 # aloud [əláud 얼라우드]

🔘 소리 내어, 큰 소리로

The child is reading aloud an English book.
그 아이는 영어책을 소리 내어 읽고 있어요.

She laughed aloud as she read the book.
그녀는 책을 읽으면서 큰소리로 웃었어요.

a
b
c
d
e
f
g
h
i
j
k
l
m
n
o
p
q
r
s
t
u
v
w
x
y
z

032 # already [ɔ:lrédi 오올레디]

🔁 이미, 벌써

I already washed my face.
나는 이미 세수를 했어요.

They already left for the airport.
그들은 벌써 공항으로 출발했다.

033 # alright [ɔ:lráit 오올라이트]

🔁 좋아, 알았어, 괜찮아

Alright, let's get going!
좋아, 출발해 보자!

Any color is alright.
어떤 색깔이어도 괜찮아.

034 # also [ɔ́:lsou 오올소우]

🔁 또한, 게다가, 뿐만 아니라

She is smart, also beautiful.
그녀는 똑똑하고, 또한 아름다워요.

He is not only good at math but also good at English.
그는 수학뿐만 아니라 영어도 잘한다.

035 # always [ɔ́:lweiz 오올웨이즈]

🔁 항상, 언제나

She always wears pretty clothes.
그녀는 항상 예쁜 옷을 입어요.

He always arrives early.
그는 항상 일찍 도착한다.

036 **A.M./a.m.** [éiém 에이엠]

명 오전

The movie starts at 9 a.m.
그 영화는 오전 9시에 시작해요.

You have to leave at 6 a.m.
오전 6시에는 출발해야 합니다.

● 반대말 **p.m.** [píːém 피이엠] 오후

---

037 **and** [ǽnd 앤드]

접 그리고

Sujin and I are good friends.
수진과 나는 좋은 친구다.

I have two sisters and two brothers.
나는 여자 형제 두 명과 남자 형제 두 명이 있어요.

---

038 **angel** [éindʒəl 에인쥐얼]

명 천사, 천사 같은 사람

She smiles like an angel.
그녀는 천사처럼 웃는다.

The sleeping baby looks like an angel.
잠자는 아기는 천사처럼 보여요.

---

039 **anger** [ǽŋgər 앵거]

명 분노, 화, 노여움

I went out of the house in anger.
나는 화가 나서 집밖으로 나갔다.

She was filled with anger at her son's lies.
그녀는 아들의 거짓말에 화가 치밀어 올랐어요.

040 # animal [ǽnəməl 애너멀]

명 동물

a wild animal
야생동물
I like animals.
나는 동물을 좋아한다.

041 # another [ənʌ́ðər 어너더]

형 또 하나의, 다른, 별도의 대 또 하나의 것, 또 한사람, 다른 것

This is another opportunity.
이것은 또 다른 기회예요.
I bought one coat and I'd like another.
코트를 하나 샀는데 또 하나 사고 싶어요.

042 # answer [ǽnsər 앤서]

명 대답 동 대답하다

My answer to that never changes.
그것에 대한 나의 대답은 결코 변하지 않아요.
Please answer my question.
내 질문에 대답해 주세요.

043 # ant [ǽnt 앤트]

명 개미

Most ants are worker ants.
대부분의 개미들은 일개미들이에요.
There is a red ants' nest in the ground.
땅속에 붉은 개미집이 있어요.

044 **any** [éni 에니]

혱 무슨, 어떤, 아무도(부정문)

Do you have any pets?
무슨 애완동물 키워요?

I don't have any pets.
아무 애완동물도 안 키워요.

045 **apple** [ǽpl 애플]

몡 사과

The apple is falling.
사과가 떨어지고 있어요.

Do you like apple jam?
사과잼 좋아해요?

046 **area** [ɛ́əriə 에어리어]

몡 지역, 구역

a parking area
주차장

He is famous in this area.
그는 이 지역에서 유명해요.

047 **arm** [áːrm 아암]

몡 팔

a broken arm
부러진 팔

I saw them walking arm in arm.
나는 그들이 팔짱을 끼고 걷는 것을 봤다.

a

b c d e f g h i j k l m n o p q r s t u v w x y z

048 # around [əráund 어라운드]

전 ~주위에, 주변에

I want to travel around the world.
나는 세계를 여행하고 싶다.

Someone is walking around the stool.
누군가가 의자 주위를 걷고 있다.

---

049 # arrive [əráiv 어라이브]

통 도착하다

Did we arrive?
도착했나요?

I arrived at school at eight.
나는 8시에 학교에 도착했다.

---

050 # art [áːrt 아아트]

명 미술, 예술

Art is my favorite subject.
미술은 내가 제일 좋아하는 과목입니다.

Is this a work of art?
이것도 예술작품인가요?

---

051 # as [ǽz 애즈]

접 ~하는 대로 전 ~처럼, ~같이 부 ~만큼

Do as I say.
내가 말 한대로 해.

He is as tall as a tree!
그는 나무만큼 키가 커요!

052 # ask [ǽsk 애스크]

圄 묻다

I don't know the answer. Ask the teacher.
나는 답을 모릅니다. 선생님께 물어보세요.

It is time to ask, "where are my toys?"
이제 "내 장난감이 어디 있지?"라고 물을 때가 됐다.

053 # at [ǽt 애트]

젠 ~에(장소), ~에(시간)

Change trains at Busan.
부산에서 기차를 갈아타세요.

I usually have lunch at noon.
나는 대개 정오에 점심을 먹는다.

054 # aunt [ǽnt 앤트]

명 이모, 고모

My aunt and uncle live in Seoul.
나의 이모와 삼촌은 서울에 산다.

My father's sister is my aunt.
아빠의 여동생은 나의 고모에요.

055 # away [əwéi 어웨이]

부 멀리, 떨어져서

Don't go away.
가지마라.

The cat is going away.
고양이는 멀리 떠나요.

B b

[bi: 비-]

a
b
c
d
e
f
g
h
i
j
k
l
m
n
o
p
q
r
s
t
u
v
w
x
y
z

056 **baby** [béibi 베이비]

명 아기

This baby is so cute.
이 아기는 너무 귀엽다.
The baby likes to eat bananas.
아기는 바나나 먹는 것을 좋아해요.

057 **back** [bǽk 백]

부 (이전의 장소·상태 등으로)다시, 돌아가서, 뒤로 명 등, 허리

Come back!
돌아와!
She is carrying a bag on her back.
그녀는 가방을 등에 메고 있다.

058 **background** [bǽkgràund 백그라운드]

명 배경, 바탕

This is the background of the incident.
이것이 그 사건의 배경이다.
A nice sea is the background of this painting.
멋진 바다가 이 그림의 배경입니다.

059 **bad** [bǽd 배드]

형 나쁜

He's not a bad boy.
그는 나쁜 소년이 아니다.

What a bad, bad monster!
이런 나쁜 괴물 같으니라고!

---

060 **bake** [béik 베이크]

동 굽다, 굽게 하다

She's baking bread in the kitchen.
그녀는 부엌에서 빵을 굽고 있습니다.

He baked a vase in a kiln.
그는 가마에 꽃병을 구웠다.

● **baker**[béikər 베이커] 제빵사

---

061 **ball** [bɔ́ːl 보올]

명 공, 볼

Throw the ball to me.
내게 공을 던져줘.

Can he catch the ball?
그는 공을 잡을 수 있을까?

---

062 **balloon** [bəlúːn 벌루운]

명 풍선

Look at that pink balloon!
저 분홍색 풍선을 좀 봐!

Is this a big or small balloon?
이것은 큰 풍선인가요, 작은 풍선인가요?

063 # band [bǽnd 밴드]

명 악단; 끈

I'm in the school brass band.
나는 학교 금관악기 밴드에 속해 있다.

She is wearing a red headband.
그녀는 빨간 머리끈을 하고 있다.

064 # bank [bǽŋk 뱅크]

명 은행

What time does the bank open?
은행은 몇 시에 문을 여나요?

Where's the nearest City Bank?
가까운 시티은행은 어디에 있어요?

065 # base [béis 베이스]

명 기초, 맨 아래 부분

This is the base color.
이것이 기본색입니다.

His words have a strong logical base.
그의 말은 논리적 기초가 튼튼하다.

066 # baseball [béisbɔ̀:l 베이스보올]

명 야구

I like watching baseball games.
나는 야구 경기 보는 것을 좋아합니다.

Ryu Hyunjin is a major league baseball player.
류현진은 메이저리그 야구 선수예요.

067 # basic [béisik 베이식]

형 **기본적인, 기초의**

Rice is basic for Korean food.
쌀은 한국음식의 기본입니다.

Hand washing is a basic etiquette.
손 씻기는 기본적인 예절이에요.

068 # basket [bǽskit 배스킷]

명 **바구니**

What is in the basket?
바구니에 무엇이 담겨 있나요?

The fruit is in a picnic basket.
과일은 소풍바구니에 들어있습니다.

069 # basketball [bǽskitbɔ̀ːl 배스킷보올]

명 **농구**

I am going to have a basketball game today.
나는 오늘 농구 경기를 할 겁니다.

He is the coach of the basketball team.
그는 농구팀의 코치예요.

070 # bat [bǽt 배트]

명 **배트, 방망이; 박쥐**

I bought a new baseball bat.
나는 새 야구 배트를 샀어요.

Bats live in the cave.
박쥐는 동굴에서 살아요.

071 # bath [bǽθ 배쓰]

명 목욕

I take a bath after dinner.
나는 저녁식사 후에 목욕을 한다.

Do you have a bath or shower at home?
집에서 목욕을 하나요, 샤워를 하나요?

072 # bathroom [bǽθrùːm 배쓰루움]

명 욕실, 화장실

Where is the bathroom?
화장실이 어디예요?

May I use your bathroom?
욕실 좀 사용해도 될까요?

073 # battery [bǽtəri 배터리]

명 배터리, 건전지

The battery-powered car is very quiet.
배터리 충전식 자동차는 굉장히 조용해요.

This watch needs to replace the batteries.
이 시계는 배터리 교체해야 해요.

074 # battle [bǽtl 배틀]

명 전쟁, 전투 동 싸우다, 투쟁하다

The soldier was killed in a gun battle.
그 군인은 총격전에서 전사했다.

We battled with the cold last night.
우리는 어젯밤에 추위와 싸웠어요.

075 # be [bíː 비이]
동 ~이다, ~이 되다

I'll be seven next month.
나는 다음 달이면 7살이야.

He wants to be a pilot when he grows up.
그는 커서 조종사가 되고 싶어 한다.

076 # beach [bíːtʃ 비이취]
명 해변

We had a BBQ on the beach.
우리는 해변에서 바비큐를 먹었다.

What do you like to do at the beach?
너는 해변에서 무엇을 하고 싶으니?

077 # bean [bíːn 비인]
명 콩

He likes to eat beans.
그는 콩 먹는 것을 좋아해요.

What is your favorite bean?
제일 좋아하는 콩은 뭐예요?

078 # bear [béər 베어]
동 견디다 **명** 곰

I can't bear this heat.
이런 더위는 견딜 수가 없다.

The black bear is big.
그 검은색 곰은 크다.

● 과거형 **bore**[bɔ́ːr 보오어] – 과거분사형 **borne**[bɔ́ːrn 보오언]

A
B
C
D
E
F
G
H
I
J
K
L
M
N
O
P
Q
R
S
T
U
V
W
X
Y
Z

beautiful [bjúːtəfəl 뷰우티플]

079

형 아름다운

These flowers are beautiful.
이 꽃들은 아름답다.

What are some beautiful things?
아름다운 것들은 무엇이 있을까요?

● 명 beauty[bjúːti 뷰우티]

because [bikɔ́ːz 비코오즈]

080

접 ~때문에

She is wet because it is raining.
그녀는 비가 왔기 때문에 젖었어요.

The puppy is cute because it is small.
강아지들은 작기 때문에 귀엽다.

become [bikʌ́m 비컴]

081

동 ~이 되다, ~(해)지다

She will become an adult next year.
그녀는 내년에 성인이 된다.

She has just become a mother.
그녀는 방금 엄마가 됐어요.

bed [béd 베드]

082

명 침대

The bed is next to the table.
침대는 탁자 옆에 있어요.

What can you see on the bed?
침대 위에 무엇이 보이나요?

083 # bedroom [bédrùːm 베드루움]

명 침실

I share a bedroom with my sister.
나는 침실을 언니와 같이 써요.

---

084 # bee [bíː 비이]

명 벌

Bees are insects.
벌은 곤충이다.
There are too many bees, so be careful!
벌이 너무 많으니까 조심해!

---

085 # beef [bíːf 비이프]

명 쇠고기

I'll have a beefsteak.
나는 쇠고기 스테이크로 먹을게요.
I like beef better than pork.
나는 돼지고기보다 쇠고기를 더 좋아합니다.

---

086 # before [bifɔ́ːr 비포어]

전 ~전에, ~의 앞에 접 ~하기 전에

Wash your face before breakfast.
아침식사 전에 세수를 해라.
Put on your socks before you put on your shoes.
신발을 신기전에 양말을 신어요.

begin [bigín 비긴]

087

⑤ 시작하다

Let's begin today's lesson.
오늘 수업을 시작합시다.

What letter does the word "apple" begin with?
애플은 어떤 철자로 시작할까요?

● 과거형 **began**[bigǽn 비갠] – 과거분사형 **begun**[bigʌ́n 비건]

behind [biháind 비하인드]

088

⑩ ~뒤에

The child is behind the curtain.
그 아이는 커튼 뒤에 있다.

Can you put your hands behind your back?
등 뒤로 두 손을 가져갈 수 있나요?

believe [bilíːv 빌리이브]

089

⑤ 믿다, ~이라고 생각하다

This is too good to believe.
너무 좋아서 믿을 수가 없어요.

Do you believe this news?
이 뉴스를 믿어요?

bell [bél 벨]

090

⑲ 종, 벨

Don't ring that bell!
벨을 울리지 마!

What kind of sound does a bell make?
종(벨)은 어떤 소리가 나나요?

091 # below [bilóu 빌**로**우]

전 ~아래에, ~밑에　부 아래에

The dog is below the table.
개가 탁자 아래에 있다.

Be careful below.
아래를 조심하세요.

● 반대말 **above**[əbʌ́v 어**버**브]~보다 위에

092 # beside [bisáid 비**사**이드]

전 ~옆에

The puppy sat beside me all night.
강아지는 밤새도록 내 옆에 앉아 있었다.

The cat is beside the box.
고양이는 상자 옆에 있어요.

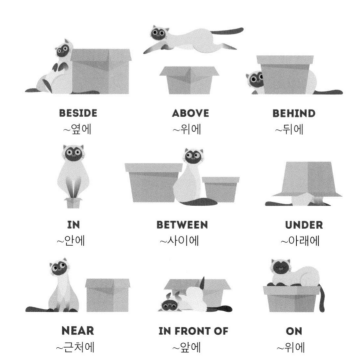

BESIDE ~옆에	**ABOVE** ~위에	**BEHIND** ~뒤에
IN ~안에	**BETWEEN** ~사이에	**UNDER** ~아래에
NEAR ~근처에	**IN FRONT OF** ~앞에	**ON** ~위에

093 **between** [bitwíːn 비트위인]

전 ~사이에

Susan is standing between John and Bill.
수잔은 존과 빌 사이에 서있어요.

He's between two trees.
그는 두 나무 사이에 있어요.

094 **bicycle**(=bike) [báisikl 바이시클]

명 자전거

Mom, where is my bicycle?
엄마, 내 자전거 어디 있어요?

I'd like to buy a bicycle.
자전거를 사고 싶은데요.

095 **big** [bíg 빅]

형 큰

He is very big. 그는 아주 커요.

How do you know that he is very big?
그가 아주 크다는 것을 어떻게 아나요?

096 **bill** [bíl 빌]

명 고지서, 청구서, 지폐

The bill was on the table.
청구서는 테이블위에 있었습니다.

Have you ever seen a 100,000-won bill?
10만 원 권 지폐를 본적 있어요?

★ **10만은 one hundred thousand**[wʌ́n hʌ́ndrəd θáuzənd 원 헌드러드 싸
우전드]라고 읽어요.

097 **bird** [báːrd 버어드]

명 새

The bird is flying.
새가 날고 있어요.

Can you think of some birds that cannot fly?
날 수 없는 새를 생각할 수 있을까요?

---

098 **birth** [báːrθ 버어쓰]

명 출생, 탄생

Please state your date and place of birth.
생년월일과 출생지를 말씀해주세요.

---

099 **birthday** [báːrθdèi 버어쓰데이]

명 생일

When is your birthday? - August 15th.
생일은 언제야? – 8월 15일.

Happy birthday, Sujin!
수진아, 생일 축하해!

★ **15th**는 **fifteen**[fíftíːnθ 피프티인쓰]라고 읽어요.

---

100 **bite** [báit 바이트]

동 물다, 물어뜯다 **명** 한 입, 물기

The cat bit the mouse.
고양이가 쥐를 물었어요.

The dog has a bite of the cake.
강아지가 케이크를 한 입 베어 물었어요.

● 과거형 **bit**[bít 비트] – 과거분사형 **bitten**[bítn 비튼]

101 # **black** [blǽk 블랙]

형 검은 명 검정색

black and white
흑백의(사진, 영화 등)
He is dressed in black.
그는 검은색 옷을 입고 있다.

102 # **block** [blák 블라크]

명 덩어리, 토막 동 막다, 차단하다

This house was built out of a block of stone.
이 집은 돌덩어리로 만들어 졌어요.
The police are blocking motor vehicles.
경찰이 자동차들을 차단하고 있어요.

103 # **blood** [blʌ́d 블러드]

명 피, 혈액

I give blood every month.
나는 매달 헌혈을 해요.
My blood type is O!
내 혈액형은 O형이에요!

104 # **blue** [blú: 블루우]

형 파란 명 파란색

Why is the sea blue?
바다는 왜 푸른가?
I like blue, especially the blue diamond.
나는 파란색 특히, 블루 다이아몬드를 좋아한다.

105 # board [bɔ́ːrd 보오드]

명 판자, 널

How wide is the board?
판자의 넓이가 얼마나 되죠?

Shall we play a board game?
보드게임 할래요?

106 # boat [bóut 보우트]

명 배, 보트

The boat sailed out to the Pacific.
그 배는 태평양으로 출항했다.

Can you lend me a duck boat?
오리배를 좀 빌릴 수 있을까요?

107 # body [bádi 바디]

명 몸, 신체

My father enjoys moving his body.
우리 아빠는 몸을 움직이는 걸 좋아해요.

Yoga is good for both the body and mind.
요가는 몸과 마음 둘 다에 좋습니다.

108 # bomb [bám 바암]

명 폭탄, 수류탄

An atom bomb had exploded in Hiroshima.
원자폭탄이 히로시마에서 폭발했었어요.

A bomb explosion damaged the building.
폭발로 인해 건물이 파손되었다.

109 **bone** [bóun 보운]

명 뼈, 골격 동 ~뼈를 바르다

He broke his ribs bone in a car accident.
그는 자동차 사고로 갈비뼈가 부러졌어요.

She is boning a fish.
그녀는 생선뼈를 발라내고 있어요.

110 **book** [búk 북]

명 책

I'm reading a book.
나는 책을 읽고 있어요.

What kind of books do you read?
어떤 종류의 책을 읽고 있어요?

111 **boot** [búːt 부우트]

명 부츠, 장화

I'm looking for winter boots.
겨울용 부츠를 찾고 있어요.

She's wearing boots.
그녀는 장화를 신고 있습니다.

112 **borrow** [bárou 바로우]

동 꾸다, 빌리다

May I borrow your pen?
펜 좀 빌려주시겠어요?

I borrowed this book from the library yesterday.
나는 어제 이 책을 도서관에서 빌렸어요.

● 반대말 **lend**[lénd 렌드] 빌려주다

113 # boss [bɔ́ːs 보오스]

명 상사, 상관, 두목

She's my boss.
그녀는 나의 직장상사입니다.

She has been promoted to the boss.
그녀는 사장으로 승진되었습니다.

114 # both [bóuθ 보우쓰]

형 둘 다의, 양편의 대 둘 다, 양쪽

I like both shirts.
나는 두 셔츠 다 좋아해요.

My parents both died.
우리 부모님 두 분 다 돌아가셨어요.

115 # bottle [bátl 바틀]

명 병

The straw is in the bottle.
병 속에 빨대가 있어요.

What kind of drink do you think is in the bottle?
병 속에 어떤 음료가 있을까요?

116 # bottom [bátəm 바텀]

명 맨 아래, 바닥 형 맨 아래에 있는

Write your name at the bottom of the sheet.
시트의 맨 아래에 이름을 적으세요.

He was sitting in the bottom row.
그는 맨 아래 줄에 앉아 있었다.

117 bowl [bóul 보울]

명 사발, 그릇

Some food is still in the bowl.
그릇에 아직도 음식이 남아 있어요.

What food do you think is in the bowl.
그릇에 어떤 음식이 담겨 있을까요?

118 boy [bɔ́i 보이]

명 소년, 남자아이

There are ten boys in my class.
우리 학급에는 열 명의 남자아이가 있어요.

How many boys are there in your family?
당신의 가족은 남자아이가 몇 명 있나요?

119 brain [bréin 브레인]

명 뇌, 두뇌, 지능, 머리

She died of a brain tumor two years ago.
그녀는 뇌종양으로 2년 전에 죽었어요.

He doesn't use his brains.
그는 머리를 쓰지 않아요.

120 brake [bréik 브레이크]

명 브레이크

The bicycle brake is broken.
자전거 브레이크가 고장 났어요.

You have to put on the brake on the downhill.
내리막길에서는 브레이크를 밟아야 한다.

121 **branch** [brǽntʃ 브랜취]

명 가지, 나뭇가지 **동** 갈라지다, 나뉘다

The branch was broken by the wind.
나뭇가지가 바람에 부러졌어요.

This road branch at the next traffic light.
이 길은 다음 신호등에서 갈라져요.

122 **brand** [brǽnd 브랜드]

명 상표, 브랜드

This car is a famous brand of car.
이 차는 차로 유명한 브랜드입니다.

What brand of watch are you looking for?
어떤 상표의 시계를 찾고 있어요?

123 **brave** [bréiv 브레이브]

형 용감한, 용기 있는

The soldier is very brave.
그 군인은 매우 용감합니다.

His brave act was known to the people.
그의 용감한 행동은 사람들에게 알려졌습니다.

124 **bread** [bréd 브레드]

명 빵

He likes bread with jam and butter.
그는 잼과 버터를 바른 빵을 좋아해요.

What do you like to spread on your bread?
당신은 빵에 무엇을 바르는 게 좋아요?

125 # **break** [bréik 브레이크]

통 **깨뜨리다**

It is easy to break an egg.
달걀은 깨지기 쉬워요.

Who broke the window?
누가 창문을 깨드렸을까요?

● 과거형 **broke**[bróuk 브로우크] – 과거분사형 **broken**[bróukən 브로우큰]

126 # **breakfast** [brékfəst 브렉퍼스트]

명 **아침식사**

What do you want for breakfast?
아침식사로 무엇을 원하나요?

I'd like to have toast for breakfast.
아침식사로 토스트를 먹고 싶어요.

127 # **bridge** [brídʒ 브리쥐]

명 **다리**

The boat is under the bridge.
배는 다리 밑에 있어요.

Is this bridge over a river, road, railway?
이 다리는 강 위에 있나요, 도로 위에 있나요, 철길 위에 있나요?

128 **bright** [bráit 브라이트]

형 밝은, 영리한

I like bright colors like white.
나는 하얀색처럼 밝은 색상을 좋아한다.

My son is a bright kid.
내 아들은 영리한 아이예요.

- 반대말 **dark**[dáːrk 다아크] 어두운

129 **bring** [bríŋ 브링]

동 가져오다, 데려오다

Don't forget to bring your swimsuit.
수영복 가져오는 거 잊지 마세요.

Can you bring your pet to school with you?
너는 학교에 애완동물을 데려올 수 있니?

- 과거형 **brought**[brɔ́ːt 브로오트] – 과거분사형 **brought**[brɔ́ːt 브로오트]

130 **brother** [brʌ́ðər 브러더]

명 형제

How many brothers do you have?
형제가 몇 명이예요?

131 **brown** [bráun 브라운]

형 갈색의 명 갈색

Do you have a brown sweater?
갈색 스웨터 있나요?

Brown really suits me.
갈색은 나에게 정말 잘 어울려.

brush [brʌʃ 브러쉬]

명 솔, 붓

a toothbrush
칫솔

Do you use a brush to tidy your hair?
당신은 머리를 정돈할 때 빗을 사용하나요?

132

bubble [bʌbəl 버블]

명 거품, 비눗방울

I take a bubble bath every weekend.
나는 주말마다 거품 목욕을 해요.

The girl is blowing soap bubbles in the park.
소녀가 공원에서 비눗방울을 불고 있어요.

133

bug [bʌg 버그]

명 곤충, 벌레

A beetle is a bug.
풍뎅이는 곤충이다.

134

build [bíld 빌드]

동 세우다, 건축하다, 만들다

They built a sand castle.
그들은 모래성을 쌓았다.

I want to build a box.
상자를 하나 만들고 싶어요.

● 과거형 **built**[bílt 빌트] – 과거분사형 **built**[bílt 빌트]

135

burn [bə́ː⟋n 버어언]

图 **(불에) 타다, 태우다**

Be careful not to burn the frying pan.
프라이팬이 타지 않게 조심해요.

The house burned down last year.
그 집은 작년에 화재로 타버렸다.

136

business [bíznis 비즈니스]

137

명 **사업, 업무, 상거래, 장사**

He enters on a hamburger business.
그는 햄버거 사업을 시작했어요.

It's business hours now.
지금은 업무시간입니다.

busy [bízi 비지]

138

형 **바쁜**

I'm busy now.
난 지금 바빠요.

I'll be very busy next month, too.
다음 달에도 많이 바쁠 거 같아.

but [bʌ́t 버트]

139

접 **그러나**

I'm sorry, but I can't go.
미안하지만 못 갈 것 같아요.

It's hard work but it's also a lot of fun.
일이 힘들지만 재미도 있어요.

140 # button [bʌ́tn 버튼]

명 단추, 버튼

One button is missing.
단추 하나가 없어졌어요.

Could you press the button?
버튼 좀 눌러 주시겠어요?

141 # buy [bái 바이]

동 사다

My mom bought me a necklace.
엄마가 목걸이를 사주셨어요.

1,000 won doesn't buy much nowadays.
요즘에는 천원으로 살 수 있는 게 많지 않다.

● 과거형 **bought**[bɔ́:t 보옷] – 과거분사형 **bought**[bɔ́:t 보옷]

142 # by [bái 바이]

전 ~로, ~에 의하여 ~옆에

I go to school by bus.
나는 버스로 학교에 가요.

Minsu is standing by his mother.
민수는 엄마 옆에 서 있다.

Can you do anything by yourself?
어떤 일이든 스스로 할 수 있나요?

[si: 시-]

발음 듣기

C

143 **cage** [kéidʒ 케이쥐]

명 새장, 우리

a lion cage
사자 우리

The bird is in the cage.
새는 새장 안에 있어요.

144 **calendar** [kǽləndər 캘런더]

명 달력

I need a new calendar for this year.
나는 올해 새로운 달력이 필요해요.

She marked the appointment on her calendar.
그녀는 그 약속을 달력에 표시했다.

145 **call** [kɔ́:l 코올]

동 부르다, 전화하다

We decided to call the child John.
우리는 아이를 존이라고 부르기로 결정했다.

Please call the police.
경찰을 좀 불러주세요.

I called John this morning.
나는 오늘 아침에 존에게 전화를 했다.

a
b
c
d
e
f
g
h
i
j
k
l
m
n
o
p
q
r
s
t
u
v
w
x
y
z

146 # calm [káːm 카암]

형 차분한, 침착한, 바람이 없는, 잔잔한

She looks very calm.
그녀는 매우 침착해 보여요.

The boat is on a calm lake.
보트는 잔잔한 호수위에 있어요.

147 # can [kǽn 캔]

동 ~할 수 있다

I can speak English.
나는 영어로 말 할 수 있어요.

Can you help me with my homework?
숙제하는 거 도와줄 수 있어요?

● 반대말 **cannot** ~할 수 없다(= **can not**, **can't**)

148 # candy [kǽndi 캔디]

명 사탕, 캔디

Do you like candy?
사탕 좋아해요?

I like eating candy.
나는 사탕 먹는 것을 좋아해요.

149 # cap [kǽp 캡]

명 모자

baseball cap
야구모자

How much is this shower cap?
이 샤워모자 얼마예요?

150 # captain [kǽptin 캡틴]
명 선장, (항공기의) 기장, 주장

This is the captain speaking.
저는 기장입니다.

I'm the captain of the football team.
나는 축구팀의 주장입니다.

151 # car [káːr 카아]
명 자동차

The highway is for cars only.
고속도로는 자동차 전용입니다.

My car is a four-wheel drive.
내 차는 사륜 구동이다.

152 # care [kéər 케어]
명 걱정, 조심 **동** 돌보다, 보살피다

Take care!
조심해요!

Her job is to care for pets.
애완동물을 보살피는 것이 그녀의 일이다.

153 # carrot [kǽrət 캐러트]
명 당근

A carrot is orange.
당근은 주황색이다.

A horse likes to eat carrot.
말은 당근 먹는 것을 좋아해요.

a b **c** d e f g h i j k l m n o p q r s t u v w x y z

154 # carry [kǽri 캐리]

통 나르다

Can you help me carry the boxes?
상자 옮기는 것 좀 도와줄래요?

He can carry a big bag.
그는 큼직한 가방을 나를 수 있어요.

---

155 # cart [káːrt 카아트]

명 짐마차, 수레, 손수레[카트]

The donkey draws a cart.
당나귀가 수레를 끈다.

She's loading things into the cart.
그녀는 카트에 물건들을 싣고 있어요.

---

156 # case [kéis 케이스]

명 사건, 경우; 용기, 통

a murder case
살인사건

Where's my pencil case?
내 필통은 어디에 있어요?

---

157 # cash [kǽʃ 캐쉬]

명 현금, 현찰 지불 형 현금의, 현찰 지불의

I'm out of cash at the moment.
나는 지금 현금이 수중에 없어요.

This price is a cash price.
이 가격은 현찰 가격입니다.

158 **castle** [kǽsl 캐슬]

图 성, 궁궐, 저택

The king lives in a castle.
왕은 성에 살아요.

There is a castle made of stone on the hill.
언덕위에 돌로 만들어진 성이 있어요.

159 **cat** [kǽt 캣]

图 고양이

The cat sees the mouse.
고양이가 쥐를 보고 있어요.

What sound does a cat make?
고양이는 어떤 소리를 내나요?

160 **catch** [kǽtʃ 캐취]

图 붙잡다

He runs to catch the ball.
그는 공을 잡으러 달려가요.

How many fish did you catch today?
오늘 물고기를 몇 마리 잡았어요?

● 과거형 **caught**[kɔ́:t 코옷] – 과거분사형 **caught**[kɔ́:t 코옷]

161 **certain** [sə́ːrtn 서어튼]

图 틀림없는, 확신하는

They are certain to win.
그들은 틀림없이 이길 거예요.

I am certain of their wining.
나는 그들의 승리를 확신합니다.

162 # **chain** [tʃéin 체인]

명 사슬, 줄, 목걸이

The tiger is at the top of the food chain.
호랑이는 먹이사슬의 제일 위에 있어요.

When it snows, you have to set up snow chains.
눈이 올 때는 스노우 체인을 설치해야 한다.

---

163 # **chair** [tʃér 체어]

명 의자

He is sitting on a chair.
그는 의자 위에 앉아 있어요.

What kind of chair are you sitting on?
당신은 어떤 종류의 의자에 앉아 있나요?

---

164 # **chance** [tʃǽns 챈스]

명 기회, 찬스

Give me another chance.
한 번 더 기회를 주세요.

This is the last chance to pass the exam.
이번이 시험에 합격할 수 있는 마지막 기회다.

---

165 # **change** [tʃéindʒ 체인쥐]

동 바꾸다, 변경하다

I changed my email ID.
나는 이메일 아이디를 변경했다.

When do you change your clothes?
당신은 언제 옷을 갈아입나요?

166 # cheap [tʃíːp 치이입]

형 값싼

These clothes are very cheap.
이 옷들은 매우 싸요.

Which one is cheaper?
둘 중에 어떤 게 더 싼가요?

- 반대말 **expensive**[ikspénsiv 익스펜시브] 값비싼

167 # check [tʃék 체크]

동 대조하다, 확인하다

Let's check the answers.
정답을 확인해 보자.

Is there a check mark on each page?
페이지마다 체크 표시가 있나요?

168 # child [tʃáild 차일드]

명 어린이

Mike is a cute child.
마이크는 귀여운 아이예요.

How many children do are there in your family?
당신의 가족은 아이들이 몇 명이 있나요?

- 복수형 **children**[tʃíldrən 칠드런]

a
b
c
d
e
f
g
h
i
j
k
l
m
n
o
p
q
r
s
t
u
v
w
x
y
z

169 # choose [tʃúːz 츄우즈]

图 고르다, 선택하다

Choose your favorite fruit.
좋아하는 과일을 고르세요.

The child chose a book from the library.
아이는 도서관에서 책 한 권을 골랐어요.

● 과거형 chose[tʃóuz 초우즈] - 과거분사형 chosen[tʃóuzn 초우즌]

170 # church [tʃə́ːrtʃ 처어취]

图 교회(건물/예배)

The church is located next to the school.
교회(건물)는 학교 옆에 있어요.

I go to church on Sunday.
나는 일요일에 교회(예배)를 갑니다.

171 # circle [sə́ːrkl 서어클]

图 원, 동그라미 图 (무엇의 주위에) 동그라미를 그리다

The boy is drawing a circle on the blackboard.
소년이 칠판에 원을 그리고 있어요.

Circle the correct answer.
정답에 동그라미를 치세요.

172 # city [síti 시티]

图 도시

Seoul is a big city.
서울은 큰 도시입니다.

Do you live in the city?
당신은 도시에 사나요?

173 **class** [klǽs 클래스]

명 **수업, 학급**

I have four classes on Friday.
나는 금요일에 4교시 수업이 있어요.

How many students are there in your class?
여러분의 학급에는 몇 명의 학생들이 있나요?

- 복수형 **classes**[klǽsiz 클래시즈]

---

174 **classmate** [klǽsmèit 클래스메이트]

명 **동급생**

Sujin and Dongjun are classmates.
수진과 동준은 같은 반입니다.

---

175 **classroom** [klǽsrùːm 클래스루움]

명 **교실**

The teacher works in the classroom.
선생님은 교실에서 일을 합니다.

We clean the classroom every week.
우리는 매주 교실을 청소해요.

---

176 **clean** [klíːn 클리인]

형 **깨끗한** 동 **청소하다**

The room is very clean.
그 방은 매우 깨끗해요.

I cleaned the floor with a mop.
나는 걸레로 바닥을 청소했어요.

- 반대말 **dirty**[dɔ́ːrti 더어티] 더러운

177 # clear [klíər 클리어]

형 투명한, 분명한, 확실한, 명백한

It's clear water.
투명한 물이다.

It is clear that he is very tired.
그가 매우 피곤하다는 것은 분명해요.

---

178 # clerk [klə́ːrk 클러어크]

명 사무원, 점원, 직원

The clerk was very kind.
점원은 매우 친절했어요.

She is a bank clerk.
그녀는 은행원입니다.

---

179 # clever [klévər 클레버]

형 영리한, 재치 있는

My son is a clever and cute boy.
내 아들은 영리하고 귀여운 아이예요.

He is good at a clever remark.
그는 재치있는 말을 잘해요.

---

180 # climb [kláim 클라임]

동 오르다

Let's climb Mt. Halla.
한라산을 올라가자.

Can you climb a tree?
나무에 올라갈 수 있나요?

181 # clip [klíp 클립]

명 핀, 클립　**동** 클립으로 고정하다

a hair clip
머리 핀

Clip the pages together.
그 페이지들을 핀으로 함께 묶어라.

---

182 # clock [klák 클락]

명 시계

A clock tells the time.
시계는 시간을 알려줘요.

Can you see the clock on the wall?
벽에 걸린 시계가 보여요?

---

183 # close [**동** klóuz 클로우즈, **형** klóus 클로우스]

동 닫다 **형** 가까운

Please close the window.
창문을 좀 닫아 주시겠어요.

The turtle is close to the rock.
거북이는 바위 가까이에 있어요.

---

184 # clothes [klouðz 클로우드즈]

명 옷, 의복

Put on your clothes. / Take off your clothes.
옷을 입으세요.　　　　옷을 벗으세요.

I like pretty clothes.
나는 예쁜 옷을 좋아한다.

185 **cloud** [kláud 클라우드]

명 구름

The sun is behind the cloud.
해가 구름 뒤에 숨었어요.

There were no clouds in the sky.
하늘에는 구름 한 점 없었다.

186 **club** [kláb 클럽]

명 클럽, 동호회

I'm in the cheering club.
나는 응원단에 속해 있다.

Our club has 20 members.
우리 클럽의 회원은 20명입니다.

187 **coin** [kɔ́in 코인]

명 동전, 주화

On the other side of the coin
반면에, 이와는 달리(동전의 뒷면에)

I have three 500-won coins.
나는 500원짜리 동전 세 개를 가지고 있어요.

★ **500은 five hundred**[fáiv hándrəd 파이브 헌드러드]라고 읽어요.

188 **cold** [kóuld 코울드]

형 추운, 차가운 명 감기

It's a cold day, isn't it?
추운 날씨네요, 그렇지 않나요?

I caught a cold.
나는 감기에 걸렸다.

189 **collect** [kəlékt 컬렉트]

동 모으다, 수집하다

What do you collect these days?
요즘 모으는게 뭐예요?

My hobby is to collect movie posters.
나의 취미는 영화포스터 수집하는 것입니다.

---

190 **college** [kálidʒ 칼리쥐]

명 단과 대학, 대학

She is a student at the art college.
그녀는 미술대학 학생이에요.

I go to the College of Medicine.
나는 의과 대학을 다닙니다.

---

191 **color** [kʌ́lər 컬러]

명 색깔, 빛깔

What is your favorite color?
당신이 좋아하는 색깔이 뭐예요?

My favorite color is light green.
내가 좋아하는 색깔은 연두색이예요.

---

192 **come** [kʌm 컴]

동 오다

Come here!
이리 와!

Did you come by bus?
버스타고 왔어요?

● 과거형 **came**[kéim 케임] – 과거분사형 **come**[kʌm 컴]

193 # comedy [ká:mədi 카아머디]

圀 코미디, 희극

The genre of this movie is a romantic comedy.
이 영화의 장르는 로멘틱 코메디입니다.

He is a famous comedian.
그는 유명한 희극배우입니다.

● **comedian**[kəmí:diən 커미이디언] 희극배우

---

194 # company [kʌ́mpəni 컴퍼니]

圀 회사, 기업

He runs an automobile company.
그는 자동차 회사를 경영하고 있어요.

The company went bankrupt yesterday.
그 회사는 어제 파산했다.

---

195 # concert [ká:nsərt 카안서트]

圀 음악회, 콘서트

How was the concert?
콘서트는 어땠어요?

I will go to the concert on Sunday.
나는 일요일에 콘서트에 갈 거예요.

196 # condition [kəndíʃən 컨디션]

명 상태, 건강상태

The new computer is in good condition.
새 컴퓨터는 상태가 좋아요.

She is in good condition these days.
그녀는 요즘 건강상태가 좋아요.

197 # congratulate [kəngrǽtʃuleit 컨그래츄레이트]

동 축하하다

I congratulate you on your marriage.
결혼을 축하드려요.

Congratulations on graduating!
졸업 축하해!

- **congratulation**[kəngrǽtʃuléiʃən 컨그래츄레이션] 축하, 축하해!

198 # contest [kɔ́ntest 콘테스트]

명 대회, 시합 동 경쟁을 벌이다, 다투다

Our team won the dance contest.
우리 팀이 댄스 경연대회에서 우승을 했어요.

We contested a championship trophy.
우리는 우승 트로피를 타기위해 경쟁을 벌였어요.

199 # control [kəntróul 컨트로울]

명 지배, 통제, 관리 동 지배하다, 감독하다

The city is under enemy control.
그 도시는 적의 지배를 받고 있다.

The teacher controlled the students.
선생님은 학생들을 감독했다.

200 # cook [kúk 쿠크]

명 요리사 동 요리하다

I want to be a cook.
나는 요리사가 되고 싶어요.

My father sometimes cooks dinner.
아빠는 가끔 저녁식사를 요리해요.

● cooker[kúkər 쿠커] 요리 도구

201 # cookie(=cooky) [kúki 쿠키]

명 쿠키

chocolate chip cookies
초콜릿 칩 쿠키

202 # cool [kú:l 쿠울]

형 시원한, 찬, 멋진, 끝내주는

It is a little cool today.
오늘은 좀 시원해요.

A new car is so cool.
새 차가 정말 멋지네.

203 # copy [kápi 카피]

명 복사(본) 동 복사하다, 베끼다

I made a copy of the map.
나는 지도 복사본을 만들었어요.

Can you copy this application form?
이 신청서 좀 복사해 주시겠어요?

204 # **corner** [kɔ́ːrnər 코오너]

명 코너, 모퉁이

Turn right at the next corner.
다음 코너에서 오른쪽으로 도세요.

The school is just around the corner.
학교는 모퉁이를 돌아서 바로 있어요.

205 # **cost** [kɔ́ːst 코오스트]

명 값, 원가 통 (비용이) 들다, 값이 얼마이다

How much does it cost?
그것은 가격이 얼마예요?

This bag costs thirty thousand won.
이 가방은 삼만 원입니다.

206 # **cotton** [kɑ́ːtn 카아튼]

명 면, 목화, 면직물 형 면제품의

This underwear is pure cotton.
이 속옷은 순면이에요.

This store sells cotton goods.
이 가게는 면제품을 판매해요.

207 # could [kúd 쿠드]

조 ~할 수 있었다, ~해 주시겠습니까?, ~해도 좋다

I could not finish my homework last night.
나는 어젯밤에 숙제를 끝내지 못했어요.

Could you come at 10 tomorrow?
내일 10시에 와주시겠어요?

Could I use your phone, please?
전화 좀 써도 될까요?

● could는 can의 과거형, Could you ~? ~해 주시겠습니까?

208 # count [káunt 카운트]

동 세다, 계산하다

Let's count the sheep.
양을 세어 보세요.

There are many stars to count.
셀 수 있는 별들이 많이 있어요.

209 # country [kʌ́ntri 컨트리]

명 국가, 나라, 지역, 시골

The country has become an advanced country.
그 나라는 선진국이 되었다.

The country mouse invited
the city mouse to his place.
시골쥐는 도시쥐를 자기가 사는 곳으로
초대했어요.

210 **couple** [kʌ́pl 커플]

명 두 개, 두 사람, 남녀 한 쌍, 부부

I have been studying for a couple of hours.
나는 두어 시간 동안 공부를 하고 있습니다.

The young couple got married last year.
젊은 부부는 지난해에 결혼했어요.

---

211 **cousin** [kʌ́zn 커즌]

명 사촌

This is my cousin, Sumi.
여기는 내 사촌 수미야.

---

212 **cover** [kʌ́vər 커버]

동 덮다, (~로)가득 차 있다 명 덮개, 표지

The fog covered the village.
안개가 마을을 뒤덮었어요.

I like the cover of this book.
나는 이 책의 표지가 마음에 듭니다.

---

213 **cow** [káu 카우]

명 암소, 젖소

A cow eats grass.
소가 풀을 먹는다.

Do you know the type of cow?
소의 종류를 알아요?

● **bull**[búl 불] 황소, **cattle**[kǽtl 캐틀] (집합적으로) 소

214 # crazy [kréizi 크레이지]

형 정상이 아닌, 미친 듯이 화가 난, 미친

I think your idea is a crazy idea.
당신의 생각은 말도 안 되는 생각인 거 같아요.

Are you crazy?
제정신이에요?

215 # cross [krɔ́:s 크로오스]

동 건너다, 가로지르다 명 X기호, +기호

Be careful when you cross at the crosswalk.
횡단보도에서 건널 때는 주의해야 해요.

Put a cross on the white paper.
흰 종이 위에 X 표를 하라.

216 # crowd [kráud 크라우드]

명 군중, 인파, 일반 대중 동 모이다, 붐비다

I don't like crowds.
나는 많은 인파가 싫어요.

Many people crowded in the square.
많은 사람들이 광장에 모여들었어요.

- **crowded**[kráudid 크라우디드] 붐비는

217 # crown [kráun 크라운]

명 왕관

He put on the crown.
그는 왕관을 썼어요.

The crown is generally made of gold.
왕관은 일반적으로 금으로 만들어집니다.

218 **cry** [krái 크라이]

통 울다, 소리치다

Don't cry.
울지 마.

Why did you cry?
왜 울었어요?

---

219 **culture** [kʌ́ltʃər 컬취어]

명 문화

Ancient Greek culture influenced others much.
고대 그리스 문화는 다른 문화들에 많은 영향을 주었다.

The world is influenced by the K-pop culture.
세계는 K팝 문화에 영향을 받고 있다.

---

220 **curious** [kjúəriəs 큐어리어스]

형 궁금해 하는, 호기심이 많은

The students were curious about the car's engine.
학생들은 자동차 엔진에 대해 궁금해 했다.

There are many curious children in kindergarten.
유치원에는 호기심 많은 아이들이 많이 있다.

---

221 **curtain** [kə́ːrtn 커어튼]

명 커튼, (무대의) 막

I draw a curtain when I sleep.
나는 잘 때 커튼을 칩니다.

the curtain falls
막이 내리다; 이야기가 끝나다

a
b
c
d
e
f
g
h
i
j
k
l
m
n
o
p
q
r
s
t
u
v
w
x
y
z

222 # **customer** [kʌ́stəmər 커스터머]

명 고객, 거래처, 손님

Where is the customer service center?
고객 서비스 센터가 어디예요?

She is a regular customer of this department store.
그녀는 이 백화점의 단골고객입니다.

---

223 # **cut** [kʌ́t 커트]

동 자르다

She is cutting paper.
그녀는 종이를 자르고 있어요.

Could you cut the pizza into 4 pieces?
피자를 4조각으로 잘라 주시겠어요?

- 과거형 **cut** – 과거분사형 **cut**

---

224 # **cute** [kjúːt 큐우트]

형 귀여운

That baby is so cute!
저 아기는 정말 귀여워요!

This car looks like a cute kitten.
이 차는 귀여운 새끼 고양이처럼 생겼어요.

---

225 # **cycle** [sáikl 사이클]

명 자전거, 오토바이; 주기, 순환

She can ride a monocycle.
그녀는 모노 사이클을 탈 수 있다.

the cycle of the seasons
계절의 순환

[di: 디-]

발음 듣기

D

226 **dad**(=daddy) [dǽd 대드]

명 아빠

Good morning, Dad!
좋은 아침이예요, 아빠!

My dad and I look alike.
아빠와 나는 닮았어요.

227 **dance** [dǽns 댄스]

명 춤, 댄스 동 춤추다

I joined the folk dance club.
나는 포크 댄스 클럽에 가입했어요.

I danced with my friend to the music.
나는 친구와 음악에 맞춰 춤을 추었어요.

228 **danger** [déindʒər 데인줘]

명 위험

He is in danger.
그는 위험에 빠졌어요.

Danger! Falling rocks.
위험! 낙석 주의.

● 형 **dangerous**[déindʒərəs 데인줘러스] 위험한

a
b
c
d
e
f
g
h
i
j
k
l
m
n
o
p
q
r
s
t
u
v
w
x
y
z

229 # dark [dá:rk 다아크]

® 어두운

It's getting dark.
날이 어두워지다.

It's dark at night.
밤은 어두워요.

- 반대말 **bright**[bráit 브라이트] 밝은

230 # date [déit 데이트]

® 날짜, 시기

What's the date today?
오늘이 며칠이에요?

What's the date of starting school?
개학일이 언제예요?

231 # daughter [dɔ́:tər 도오터]

® 딸

Her daughter is 3 years old.
그녀의 딸은 3살입니다.

232 # day [déi 데이]

® 날, 하루, 낮

There are seven days in a week.
일주일은 7일입니다.

The sun shines during the day.
낮 동안은 해가 빛나요.

- 반대말 **night**[náit 나이트] 밤

233 # dead [déd 데드]

형 죽은, 죽어 있는, 생기 없는

a dead person/animal
죽은 사람/동물
Dead men tell no tales.
죽은 자는 말이 없다.

234 # death [déθ 데쓰]

명 죽음, 사망

The little kitten froze to death.
그 어린 고양이는 얼어 죽었다.

235 # decide [disáid 디사이드]

동 결정하다, 결심시키다

It's hard to decide.
결정하기 어려워요.
Which is better? I can't decide.
어느 것이 더 나아요? 결정 못 하겠어요.

236 # deep [díːp 디이프]

형 깊은, 깊이가 ~인

This pool is one meter deep.
이 수영장은 깊이가 1미터다.
The lake is very deep.
호수가 매우 깊다.

237 **delicious** [dilíʃəs 딜리셔스]

형 매우 맛있는, 냄새가 좋은, 아주 기분 좋은

This soup smells delicious.
이 수프는 맛있는 냄새가 나요.

It's a very delicious morning.
기분 좋은 아침입니다.

238 **dentist** [déntist 덴티스트]

명 치과 의사

He is a very kind dentist.
그는 아주 친절한 치과 의사예요.

239 **design** [dizáin 디자인]

동 설계하다, 디자인하다, 고안하다

A costume designer design a dress.
의상 디자이너는 옷을 디자인해요.

The coach designed an offensive plan.
그 감독은 공격 계획을 세웠어요.

240 **desk** [désk 데스크]

명 책상 형 탁상용의

What is on the desk?
책상위에는 무엇이 있나요?

I need a desk calendar.
나는 탁상용 달력이 필요해요.

241 diary [dáiəri 다이어리]

명 일기, 수첩

I keep a diary.
나는 일기를 쓴다.

I'm reading "The Diary of Anne Frank".
나는 "안네의 일기"를 읽고 있어요.

242 dictionary [díkʃənèri 딕션에리]

명 사전

Would you lend me the dictionary?
사전 좀 빌려주실래요?

an English-Korean dictionary
영한사전

243 die [dái 다이]

동 죽다, 사망하다

My grandmother died three years ago.
나의 할머니는 3년 전에 돌아가셨어요.

My dog died of an illness.
우리 강아지는 병으로 죽었다.

244 different [dífərənt 디퍼런트]

형 다른, 차이가 있는, 여러 가지의

The one in the middle is different.
가운데 하나가 달라요.

These clothes are made in different colors.
이 옷들은 여러 가지 색상으로 만들어졌어요.

● 반대말 same[séim 세임] 같은

245 **difficult** [dífikʌlt 디피컬트]

형 어려운, 힘든

This book is difficult for a child.
이 책은 아이에게는 어렵다.

Do you think that science is easy or difficult?
당신은 과학이 쉽다고 생각해요, 아니면 어렵다고 생각해요?

246 **dinner** [dínər 디너]

명 저녁(식사), 정식

We eat dinner at seven o'clock.
우리는 일곱 시에 저녁식사를 해요.

What's for dinner, Mom?
저녁 뭐예요, 엄마?

247 **dirty** [dɔ́ːrti 더어티]

형 더러운, 지저분한

Are his clothes dirty or clean?
그의 옷은 더러운가요, 깨끗한가요?

Don't touch it with dirty hands.
더러운 손으로 만지지 마세요.

● 반대말 **clean**[klíːn 클리인] 깨끗한

248 **discuss** [diskʌ́s 디스커스]

동 논의하다, 논하다

I discussed my grades with my teacher.
나는 성적에 대해서 선생님과 의논했어요.

The two leaders will discuss historical issues.
두 정상은 역사적인 문제에 대해 논의할 것입니다.

249 **dish** [díʃ 디쉬]

명 큰 접시, 요리

Do not drop the dishes!
접시를 떨어뜨리지 마세요!

Curry is my favorite dish.
카레는 내가 제일 좋아하는 요리입니다.

250 **divide** [diváid 디바이드]

통 나누다, 분할하다, 분배하다

Mom divided the apple into two.
엄마는 사과를 둘로 나누었어요.

We divided the inherited land.
우리는 상속받은 땅을 나누었어요.

251 **do** [dú: 두우]

통 하다, 해나가다

Do it yourself.
스스로 해라.

He has a lot to do.
그는 할 일이 많아요.

TO-DO LIST

● 과거형 **did**[díd 디드] – 과거분사형 **done**[dʌ́n 던]

252 **doctor** [dάktər 닥터]

명 의사, 박사(학위)

The doctor checks the baby.
의사는 아기를 진찰해요.

He received a doctor's degree.
그는 박사학위를 받았습니다.

a
b
c
d
e
f
g
h
i
j
k
l
m
n
o
p
q
r
s
t
u
v
w
x
y
z

253 # dog [dɔ́ːg 도오그]

명 개

The dog has a hat on.
그 개는 모자를 쓰고 있다.

Jindo dog is one of Korean traditional dog.
진돗개는 한국의 전통개 중의 하나입니다.

254 # doll [dál 달]

명 인형

The doll is on the table.
인형은 테이블위에 있어요.

Do you have a doll at home?
집에 인형이 있나요?

255 # dolphin [dálfin 달핀]

명 돌고래

Dolphins live in the sea.
돌고래는 바다에 살아요.

Have you seen a dolphin before?
당신은 전에 돌고래 본 적이 있나요?

256 # door [dɔ́ːr 도오어]

명 문, 문간

What is it behind the door?
문 뒤에 뭐가 있을까요?

Could you close the door?
문 좀 닫아 주시겠어요?

257 # double [dʌ́bəl 더블]

형 두 배의, 갑절의 **부** 이중으로, 겹으로

The boss does double work.
사장은 두 배의 일을 합니다.

She wore shirts double.
그녀는 셔츠를 두 겹으로 입었어요.

---

258 # down [dáun 다운]

부 아래로, 아래에

The lift is going down.
승강기가 내려가요.

Let's go down to the first floor.
1층으로 내려갑시다.

● 반대말 **up**[ʌ́p 업] 위로

---

259 # draw [drɔ́: 드로오]

동 끌다, 끌어당기다, 그리다, 긋다

This picture drew my attention.
이 그림은 내 주의를 끌었어요.

Can you draw a picture of your family?
당신은 가족 그림을 그릴 수 있나요?

● 과거형 **drew**[drú: 드루우] – 과거분사형 **drawn**[drɔ́:n 드론]
명 **drawing**[drɔ́:iŋ 드로잉] 그림

260 dream [drí:m 드리임]

명 꿈, 희망

I had a strange dream. 나는 이상한 꿈을 꾸었다.

When I was young, my dream was to be a police officer.
어릴 때 나의 꿈은 경찰관이 되는 것이었다.

261 drink [drínk 드링크]

동 마시다 명 마실 것, 음료

We often drink water.
우리는 물을 자주 마셔요.

Would you like a drink?
음료 드릴까요?

262 drive [dráiv 드라이브]

동 운전하다 명 운전, 드라이브

He's too young to drive.
그는 운전하기엔 너무 어리다.

I took a drive with her last night.
나는 어젯밤에 그녀와 함께 드라이브를 했어요.

● 과거형 **drove**[dróuv 드로우브] – 과거분사형 **driven**[drívən 드리븐]

263 drop [dráp 드랍]

동 떨어지다, 떨어뜨리다 명 방울, 물방울

You dropped your ribbon.
당신은 리본을 떨어뜨렸어요.

There was not a drop of water in the cup.
컵에는 물이 한 방울도 없었어요.

264 # dry [dréi 드라이]

형 마른, 건조한 통 마르다, 말리다, 닦다

Is your shirt dry or wet?
당신의 셔츠는 말랐나요? 아님 젖었나요?

I'm drying the laundry with a dryer.
나는 건조기로 빨래를 말리고 있어요.

265 # duck [dʌ́k 덕]

명 오리, 오리고기

A duck is in the lake.
오리 한 마리가 호수에 있다.

Today's main dish is Peking duck.
오늘의 메인 요리는 북경오리입니다.

266 # during [djúəriŋ 듀어링]

전 ~동안, (~하는) 중에, ~사이에

Bears sleep during the winter.
곰은 겨울동안 잠을 자요.

I am planning to stay in London during the vacation.
나는 방학동안 런던에 머물 계획이에요.

발음 듣기

[i: 이-]

267 **ear** [íər 이어]

명 귀

She had her ears pierced.
그녀는 귀에 구멍을 뚫었다.

Rabbit ears are long.
토끼귀는 길다.

268 **early** [ə́ːrli 어얼리]

부 일찍 형 이른, 빠른

The sun comes up early.
해는 일찍 떠요.

The early bird catches the worm.
일찍 일어나는 새가 벌레를 잡는다.

269 **earth** [ə́ːrθ 어얼쓰]

명 지구, 땅, 대지

The earth goes around the sun.
지구는 태양 주위를 돈다.

Whales are the largest animals on Earth.
고래는 지구상에서 가장 큰 동물이다.

270 # **east** [íːst 이-스트]

명 동쪽, 동부 형 동쪽의

The sun rises in the east.
해는 동쪽에서 떠요.

Can you point east?
동쪽을 가리켜 주실래요?

---

271 # **easy** [íːzi 이-지]

형 쉬운, 용이한, 편안한

This exam was too easy.
이번 시험은 너무 쉬웠습니다.

He is sleeping in an easy chair.
그는 안락의자에서 자고 있어요.

---

272 # **eat** [íːt 이-트]

동 먹다, 식사하다

What did you eat for breakfast?
아침식사로 뭘 먹었어요?

I ate spaghetti.
스파게티를 먹었어요.

● 과거형 **ate**[éit 에이트] – 과거분사형 **eaten**[íːtn 이-튼]

---

273 # **egg** [ég 에그]

명 달걀, 알

The hen laid an egg.
암탉이 알을 낳았어요.

What color is the egg?
이 알은 무슨 색인가요?

274 elementary [èləméntəri 엘러**멘**터리]

형 초보의, 초급의, 초등의, 기본이 되는

elementary education[school]
초등 교육[학교]

This is an elementary level book.
이것은 초급수준의 책이에요.

275 elephant [éləfənt 엘러펀트]

명 코끼리

I've seen a baby elephant at the zoo.
나는 동물원에서 아기 코끼리를 본 적이 있어요.

Elephants have a long nose.
코끼리는 긴 코를 가졌어요.

276 end [énd 엔드]

명 끝 동 끝내다, 마치다

the end of the story
그 이야기의 끝

It's time to end the game.
게임을 끝낼 시간이에요.

277 # engine [éndʒin 엔쥐인]

명 엔진

start an engine
엔진의 시동을 걸다

The engine is the most important part of a car.
엔진은 자동차의 가장 중요한 부분입니다.

278 # engineer [èndʒiníər 엔쥐이니어]

명 기술자, 엔지니어, 공학자

The engineer is repairing the ship.
기술자가 배를 수리하고 있습니다.

My father is a computer engineer.
나의 아빠는 컴퓨터 공학자입니다.

279 # enjoy [indʒɔ́i 엔쥐오이]

동 즐기다, 누리다

We really enjoyed it.
우리는 정말 즐거웠어요.

Did you enjoy your summer vacation?
여름휴가는 잘 보냈어요?

280 # enough [ináf 이너프]

형 충분한 부 충분히, (~하기에) 족할 만큼

I had enough food.
나는 충분한 음식을 먹었어요.

Are you tall enough to reach the ceiling?
당신은 천장에 닿을 만큼 키가 큰가요?

281 # enter [éntər 엔터]

통 ~에 들어가다, 가입하다, 접어들다

She entered the classroom.
그녀는 교실로 들어갔습니다.

I entered a badminton club yesterday.
나는 어제 배드민턴 클럽에 가입했어요.

● 명 entrance[éntrəns 엔터런스] 입구

282 # eraser [iréisər 이레이서]

명 지우개

Can I borrow your eraser?
지우개 좀 빌릴 수 있을까요?

I bought a pencil with an eraser yesterday.
나는 어제 지우개가 달린 연필을 샀다.

● 통 erase[iréis 이레이스] 지우다

283 # error [érər 에러]

명 오류, 실수, 잘못

He admitted his error.
그는 실수를 인정했어요.

The player made a mistake by an error of judgment.
그 선수는 판단 착오로 실수를 저질렀어요.

284 **evening** [íːvniŋ 이-브닝]

몡 저녁, 밤

Good evening.
안녕하세요.(저녁 인사)
I'll call you this evening.
오늘 저녁에 전화할게요.

285 **every** [évri 에브리]

혱 모든, 충분한, 매~, ~마다

Every egg is cracked.
모든 알이 금이 갔어요.
Every student goes home every week.
모든 학생들은 매주 집에 갑니다.

286 **exam** [igzǽm 이그잼]

몡 시험, (의학적) 검사

I have to take a maths exam today.
나는 오늘 수학 시험을 봐야 해요.
Please go to the blood examination room.
혈액 검사실로 가세요.

- **examination**[igzæmənéiʃən 이그재머네이션]은 **exam**의 격식표현이에요.

287 **example** [igzǽmpl 이그잼플]

몡 예, 보기

for example
예를 들면
Bulgogi is a typical example of Korean food.
불고기는 한국음식의 대표적인 예입니다.

288 # exercise [éksərsàiz 엑서사이즈]

명 연습, 운동 동 운동을 하다, 연습하다

Running is good exercise.
달리기는 좋은 운동입니다.

How many times a week do you exercise?
일주일에 몇 번 운동을 하나요?

289 # exit [égzit 에그지트]

명 출구 동 나가다, 떠나다, 퇴장하다

Where is the emergency exit?
비상구가 어디예요?

The students exited the school gate.
학생들은 교문을 통해 빠져 나갔다.

290 # eye [ái 아이]

명 눈, 시력

She has blue eyes.
그녀는 파란 눈을 가졌다.

I have weak eyes.
나는 시력이 약합니다.

[ef 에프]

발음 듣기

291 **face** [féis 페이스]

명 얼굴, (표정)얼굴

Did you wash your face?
세수 했어요?

I saw her sad face.
나는 그녀의 슬픈 얼굴을 보았어요.

292 **fact** [fǽkt 팩트]

명 사실, (~라는) 점

I know the fact.
저는 그 사실을 알고 있어요.

This novel is based on facts.
이 소설은 사실에 바탕을 두고 있습니다.

293 **factory** [fǽktəri 팩터리]

명 공장, 제작소, 제조 공장

The car factory is located in Ulsan.
그 자동차 공장은 울산에 있어요.

A factory makes large quantities of goods.
공장은 대량의 상품을 생산한다.

294 **fail** [féil 페일]

⑤ 실패하다, ~하지 못하다, 낙제하다

I failed in finishing the marathon.
나는 마라톤 완주하는데 실패했다.

He failed in the entrance exam.
그는 입학시험에 낙방했어요.

295 **fall** [fɔ́ːl 포올]

⑤ 떨어지다, 내리다 ⑲ 떨어짐, 넘어짐; 가을

The rock is falling down.
바위가 떨어지고 있어요.

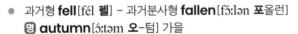

She was hurt in a fall from stairs.
그녀는 계단에서 떨어져서 다쳤어요.

● 과거형 **fell**[fél 펠] – 과거분사형 **fallen**[fɔ́ːlən 포올런]
⑲ **autumn**[ɔ́ːtəm 오-텀] 가을

296 **family** [fǽməli 패멀리]

⑲ 가족, 가정, 식구

This is my family. 여기는 저희 가족들입니다.

How many people are there in your family?
당신의 가족은 몇 명인가요?

297 **famous** [féiməs 페이머스]

⑱ 유명한

My father is a famous theater actor.
우리 아빠는 유명한 연극배우에요.

Paris is famous for its nighttime views.
파리는 야경으로 유명하다.

298 **fan** [fǽn 팬]

🔲 **(팀·배우 등의) 팬; 선풍기, 팬**

The stadium was full of basketball fans.
경기장은 농구팬들로 들어찼다.

Please turn off the fan!
선풍기 좀 꺼주세요!

299 **fantastic** [fæntǽstik 팬태스틱]

🔲 **환상적인, 굉장한, 기막히게 좋은**

Mom's pancakes taste fantastic.
엄마의 팬케이크는 환상적인 맛이에요.

There is a fantastic night view in Seoul.
서울은 환상적인 야경이 있어요.

300 **far** [fάːr 파아]

🔲 **멀리, (~만큼) 떨어져** 🔲 **먼, 멀리있는**

How far is the moon from here?
여기서 달은 얼마나 먼가요?

Our school is not far distance from here.
우리 학교는 여기서 멀지 않아요.

301 **farm** [fάːrm 파아암]

🔲 **농장, 사육장**

He works on a farm.
그는 농장에서 일합니다.

My grandfather runs a chicken farm in the country.
우리 할아버지는 시골에서 양계장을 운영하십니다.

302 # fast [fǽst 패스트]

형 빠른, 빨리 하는 부 빠르게, 빨리

He works in a fast food restaurant.
그는 패스트푸드점에서 일합니다.

John can run fast.
존은 빨리 달릴 수 있어요.

---

303 # fat [fǽt 패트]

형 살찐, 뚱뚱한, 기름기가 많은

That pig is fat.
저 돼지는 뚱뚱해요.

What's the opposite of 'fat'?
'뚱뚱한'의 반대말은 무엇일까요?

● 반대말 thin[θín 씬] 마른, 얇은

---

304 # father [fá:ðər 파아더]

명 아빠, 아버지

My father is a doctor.
나의 아빠는 의사입니다.

My father and I are alike.
아빠와 나는 닮았어요.

---

305 # favorite [féivərit 페이버리트]

형 (특별히 더) 좋아하는

Music is my favorite subject.
음악은 내가 가장 좋아하는 과목입니다.

What is your favorite toy?
네가 가장 좋아하는 장난감은 뭐야?

306 # feel [fíːl 피일]

동 느끼다, 만져 보다, 느낌이 있다 **명** 느낌, 촉감

I feel very happy.
나는 매우 행복하다고 느낍니다.

Melon has a hard feel.
멜론은 촉감이 딱딱해요.

● 과거형 **felt**[félt 펠트] – 과거분사형 **felt**[félt 펠트]

307 # fever [fíːvər 피이버]

명 열, 발열, 열병

She has a high fever.
그녀는 고열이 있어요.

308 # field [fíːld 피일드]

명 들판, 경기장

Kangaroos run around in the field.
캥거루가 들판을 뛰어다닙니다.

a baseball [football] field
야구[축구]장

309 # fight [fáit 파이트]

동 싸우다, 전투하다 **명** 싸움, 전투, 경기

The two boys were fighting.
두 소년은 싸우고 있었어요.

We had a big fight.
우리는 크게 싸웠어요.

● 과거형 **fought**[fɔ́ːt 포오트] – 과거분사형 **fought**[fɔ́ːt 포오트]

310 **file** [fáil 파일]

명 파일, 서류철

Secret military files are kept in the cabinet.
비밀 군사 파일은 캐비닛에 보관되어 있습니다.

Click on the executable file.
실행 파일을 클릭하십시오.

311 **fill** [fíl 필]

동 가득 채우다, 가득 차다

Would you fill the cup with water?
컵에 물 좀 채워주시겠어요?

Please fill in the blanks on the arrival card.
입국 카드에 빈칸을 채워주세요.

312 **find** [fáind 파인드]

동 찾다, 발견하다

I can't find my shirt.
내 셔츠를 찾을 수가 없어요.

Can you help him find his kite?
그가 연을 찾는 걸 도와 줄 수 있나요?

● 과거형 **found**[fáund 파운드] – 과거분사형 **found**[fáund 파운드]

313 **fine** [fáin 파인]

형 좋은, 괜찮은, 건강한

The weather was fine today.
오늘은 날씨가 좋았어요.

You look good! How are you? - I'm fine, thank you.
좋아 보이네요! 어떻게 지내세요? – 잘 지냅니다, 고마워요.

314 # finger [fíŋgər 핑거]

명 손가락

the little finger
새끼손가락

They put rings on each other's fingers.
그들은 서로의 손가락에 반지를 끼웠습니다.

315 # finish [fíniʃ 피니쉬]

동 끝내다, 끝나다 **명** (어떤 일의) 마지막 부분

I finished reading that book.
나는 그 책을 다 읽었어요.

She crossed the finish line.
그녀가 결승선을 통과했다.

316 # fire [fáiər 파이어]

명 불, 화재

Fire! Call the fire department!
불이야! 소방서에 전화해 주세요!

Are you afraid of fire?
당신은 불이 무서운가요?

317 # fish [fiʃ 피쉬]

명 (물)고기, 어류 **동** 낚시하다

He caught ten fish.
그는 물고기 10마리를 잡았어요.

Let's go fishing in the river.
강으로 낚시하러 갑시다.

318 # fix [fíks 픽스]

통 고치다, 고정시키다

She wants to fix this chair.
그녀는 이 의자를 고치고 싶어 해요.

He fixed a mirror to the wall.
그는 벽에 거울을 고정시켰어요.

319 # flag [flǽg 플래그]

명 국기, 깃발

The Korean flag
대한민국 국기

She is waving a flag.
그녀는 깃발을 흔들고 있어요.

320 # floor [flɔ́:r 플로어]

명 바닥, 층

There is a hole in the floor.
바닥에 구멍이 있어요.

My classroom is on the second floor.
나의 교실은 2층에 있어요.

321 # flower [fláuər 플라워]

명 꽃

I like wild flowers.
나는 야생화를 좋아합니다.

What color is the flower?
그 꽃은 무슨 색이에요?

● flour[fláuər 플라우어] '밀가루'와 발음이 비슷해요.

322 fly [flai 플라이]

동 날다, 비행하다 명 파리

Ostriches can't fly.
타조는 날지 못한다.

The fly is an insect.
파리는 곤충입니다.

- 과거형 **flew**[flú: 플루우] – 과거분사형 **flown**[flóun 플로운]

323 focus [fóukəs 포우커스]

동 집중하다, (초점에) 모으다 명 초점, 중심

The children's eyes were focused on animation.
아이들의 시선은 애니메이션에 집중 되었어요.

Hunger is the focus of our club activities.
기아문제는 우리 클럽활동의 초점입니다.

324 fog [fɔ́:g 포오그]

명 안개, 연무

There was fog in the dawn.
새벽녘에 안개가 끼었습니다.

She's walking in the fog.
그녀는 안개속을 걷고 있어요.

325 food [fú:d 푸우드]

명 음식, 식품

He eats a lot of food.
그는 음식을 많이 먹어요.

What's your favorite food.
당신은 좋아하는 음식이 뭐예요?

326 # fool [fúːl 푸울]

명 바보

He acts like a fool.
그는 바보처럼 행동해요.

Don't make a fool of yourself.
어리석게 굴지 마세요.

327 # foot [fút 푸트]

명 발

I go to school on foot every morning.
나는 매일 아침 걸어서 학교에 갑니다.

His foot size is 265 millimeters.
그의 발 사이즈는 265mm입니다.

- 복수형 **feet**[fíːt 피이트]

328 # football [fútbɔ̀ːl 풋보올]

명 축구, 풋볼

She played football in high school.
그녀는 고등학교 때 축구를 했어요.

- 축구를 영국에서는 **football**, 미국에서는 **soccer**라고 주로 말해요.

329 # for [fɔ́ːr 포-어]

전 ~을 위하여, ~동안

This is a book for children.
이것은 아이들을 위한 책이다.

I have been studying for three years.
나는 3년 동안 공부하고 있어요.

330 # forest [fɔ́:rist 포오리스트]

명 숲, 삼림

There are a lot of wild animals in the forest.
숲에는 많은 야생동물들이 있어요.

There is a lot of forest fires during the dry season.
건조한 계절에는 산불이 많이 납니다.

331 # forever [fərévər 퍼레버]

부 영원히, 끊임없이

Their friendship will last forever.
그들의 우정은 영원할 것이다.

She eats forever during the movie.
그녀는 영화를 보는 동안 끊임없이 먹는다.

332 # forget [fərgét 퍼겟]

동 잊다, 깜박 잊다

Don't forget your scarf.
스카프 잊지 마세요.

Do you often forget things?
당신은 가끔 뭔가를 잊어버리나요?

● 과거형 **forgot**[fərgát 퍼갓] – 과거분사형 **forgotten**[fərgátn 퍼가튼]

333 # form [fɔ́:rm 포엄]

명 모양, 종류, 형태, 서식

Solar power is the most economical form of energy.
태양열 에너지는 가장 경제적인 형태의 에너지다.

Can I have an application form, please?
신청서 좀 주시겠습니까?

334 **fox** [fáks 팍스]

명 여우

What color is that fox?
저 여우는 무슨 색깔이에요?

The hounds found a fox burrow.
사냥개들이 여우 굴을 발견했다.

335 **free** [frí: 프리이]

형 자유로운, ~할 수 있는, 무료의

Are you free today? - Yes, I am.
오늘 시간 있어요? - 예, 있습니다.

Admission to a park is free of charge.
공원 입장료는 무료입니다.

336 **fresh** [fréʃ 프레쉬]

형 신선한, 새로운, 상쾌한

fresh fruits
신선한 과일

I'd like to breathe in some fresh air.
나는 상쾌한 공기를 좀 마시고 싶어요.

337 **friend** [frénd 프렌드]

명 친구, 벗

We are good friends.
우리는 좋은 친구에요.

Who is your best friend?
당신의 가장 친한 친구는 누구입니까?

338 # frog [frɔ́ːg 프로오그]

명 개구리

There are many frogs in the rice fields.
논에 개구리가 많이 있어요.

A frog suddenly jumped into the road.
개구리 한 마리가 갑자기 도로위로 뛰어들었어요.

---

339 # from [frʌ́m 프럼]

전 ~에서, ~로 부터

Where are you from? - I'm from Korea.
어디에서 왔어요? - 한국에서 왔어요.

I will send you a postcard from Paris.
당신에게 파리에서 엽서를 보내 줄게요.

---

340 # front [frʌ́nt 프런트]

명 앞, 정면 **형** 앞의, 전면의

She sat in front of him.
그녀는 그의 앞에 앉았어요.

Let's meet at the front door at noon.
정오에 정문에서 만나자.

---

341 # fruit [frúːt 프루우트]

명 과일, 열매

I love to eat fruit.
나는 과일 먹는 것을 좋아해요.

What is your favorite fruit? - I like apples.
좋아하는 과일이 뭐예요? - 사과를 좋아해요.

fry [frái 프라이]
342

통 튀기다, 굽다

fry chicken/bacon
닭/베이컨을 튀기다

Fry potatoes lightly in oil.
감자를 기름에 살짝 튀기세요.

---

full [fúl 풀]
343

형 가득 찬, 충분한, 완전한, 최대한의

The cart is full of firewood.
수레에 장작이 가득 차 있어요.

She got a full mark on her English test.
그녀는 영어 시험에서 만점(최고점)을 받았다.

---

fun [fʌ́n 펀]
344

명 재미, 즐거움

Have fun!
재미있게 보내!

What do you like to do for fun?
당신은 재미로 무엇을 하는 것을 좋아하나요?

---

future [fjúːtʃər 퓨우취어]
345

명 미래, 장래

What do you want to be in the future?
당신은 장차 어떤 사람이 되고 싶어요?

A lazy man is a man with no future.
게으른 사람은 미래가 없는 사람이다.

G g
[dʒi: 쥐-]

발음 듣기

346 **garden** [gáːrdn 가아든]

명 정원, 뜰

a rose garden
장미 정원

What do you like to grow in your garden?
당신은 정원에 무엇을 기르고 싶은가요?

347 **gate** [géit 게이트]

명 문, 정문, 출입구

I'll meet you at the park gate.
공원 정문에서 만나요.

Who do you think opened the gate?
누가 문을 열었다고 생각하세요?

348 **gentle** [dʒéntl 젠틀]

형 온화한, 부드러운, 가벼운

Sheep is very gentle.
양은 매우 온순하다.

He is gentle and kind.
그는 다정하고 친절하다.

349 **gesture** [dʒéstʃər 제스취어]

명 몸짓, 제스처, 몸동작

What does that gesture mean?
그 제스처는 무슨 의미예요?

This gesture is an expression of fear.
이런 몸짓은 두려움의 표현이다.

350 **get** [gét 게트]

동 얻다, 받다, 마련하다, ~이 되다

I got new clothes.
나는 새 옷을 샀어요.

She got a call from her mother.
그녀는 엄마에게 전화를 받았다.

- 과거형 **got**[gát 가트] – 과거분사형 **gotten**[gátn 가튼]

351 **ghost** [góust 고우스트]

명 유령, 귀신, 영혼

I don't believe in ghosts.
나는 귀신 따위는 믿지 않아요.

Our children are afraid of ghost stories.
우리 아이들은 귀신 이야기를 무서워합니다.

352 **giant** [dʒáiənt 자이언트]

명 거인 **형** 거대한

He is a giant who is two meters tall.
그는 키가 2미터나 되는 거인이에요.

Giant panda bears are living in China.
자이언트 판다곰은 중국에 살고 있어요.

353 # gift [gíft 기프트]

명 선물, 기증품

I gave her a graduation gift.
나는 그녀에게 졸업 축하 선물을 주었어요.

Here's a little gift for you.
너를 위해 작은 선물을 준비했어.

354 # giraffe [dʒərǽf 저래프]

명 기린

A giraffe is a large animal with a very long neck.
기린은 목이 매우 긴 큰 동물이다.

355 # girl [gə́ːrl 거얼]

명 소녀, 여자아이

Hello, boys and girls.
안녕, 소년 소녀 여러분.

How many girls are there in your family?
당신의 가족은 여자아이가 몇 명이에요?

356 # give [gív 기브]

동 주다

Please give me the salt.
소금 좀 건네주세요.

I'll give my mother a present.
나는 엄마에게 선물을 드릴거예요.

● 과거형 gave[géiv 게이브] - 과거분사형 given[gívən 기번]

357 **glad** [glǽd 글래드]

형 기쁜, 고마운

She's glad to see him.
그녀는 그를 만나서 기뻐해요.

I'm so glad.
정말 기뻐요.

---

358 **glass** [glǽs 글래스]

명 유리, 유리잔, 한 잔(의 양)

The windows are made of glass.
창문은 유리로 만들어졌다.

I'd like to drink a glass of milk.
우유 한 잔 마시고 싶어요.

---

359 **glove** [glʌ́v 글러브]

명 장갑, 글러브

I have two baseball gloves.
나는 야구글러브 두 개를 가지고 있어요.

I wear rubber gloves to wash the dishes.
나는 설거지를 할 때 고무장갑을 낍니다.

---

360 **glue** [glúː 글루우]

명 접착제, 아교 동 ~에 접착제를[로] 칠하다[붙이다], 꼭 붙여 놓다

This glue is called an instant glue.
이 접착제는 순간접착제라고 불린다.

The baby monkey was glued to her mother.
아기 원숭이는 엄마에게 들러붙어 있었어요.

361 go [góu 고우]

통 가다, 계속하다, 떠나다

Go to the room.
방으로 가십시오.

I went to school by bike.
나는 자전거를 타고 학교에 갔어요.

● 과거형 **went**[wént 웬트] – 과거분사형 **gone**[gɔ́:n 곤]

362 goal [góul 고울]

명 골, 목표

He scored the winning goal in the second half.
그는 후반전에 결승골을 넣었어요.

We each studied hard to achieve our goals.
우리는 각자 목표를 달성하기위해 열심히 공부했어요.

363 god [gád 가드]

명 신, 우상

Do you know who the god of Love is?
사랑의 신이 누구인지 아세요?

May God bless you.
신의 은총이 있기를 바랍니다.

● 첫글자를 대문자로 쓰면 **God** '하나님'의 뜻이에요.

364 # gold [góuld 고울드]

명 금 **형** 금으로 만든[된]

The chemical symbol of gold is Au.
금의 화학원소기호는 Au입니다.
We won a gold medal in archery.
우리는 양궁에서 금메달을 땄다.

---

365 # good [gúd 굳]

형 좋은, 즐거운, 착한

That's a good idea.
좋은 생각이에요.
What a good boy!
정말 착한 아이구나!

---

366 # goodbye [gùdbái 굳바이]

감 안녕히 가세요 **명** 작별의 말[인사], 작별

Goodbye, see you later.
잘 가요, 나중에 만나요.
She exchanges goodbyes with her husband.
그녀는 남편과 작별인사를 나눴어요.

---

367 # grandmother [grǽndmʌðər 그랜드머더]

명 할머니

My grandmother lives in Busan.
나의 할머니는 부산에 사세요.
How old is your grandmother?
할머니 연세가 어떻게 되세요?

● 반대말 **grandfather**[grǽndfàːðər 그랜드파아더] 할아버지

368 **grape** [gréip 그레이프]

명 포도

My daughter likes to eat grapes.
우리 딸은 포도 먹는 것을 좋아해요.

Wine is made from grapes.
포도주는 포도로 만들어집니다.

369 **grass** [grǽs 그래스]

명 풀, 잔디

Keep off the grass.
잔디밭에 들어가지 마세요.

A boy is lying on the grass.
소년이 잔디위에 누워 있다.

370 **gray** [gréi 그레이]

명 회색, 잿빛

The sky turned gray.
하늘이 잿빛으로 변했어요.

My new car is a gray color.
저의 새 차는 회색 컬러예요.

371 # great [gréit 그레이트]

형 큰, 위대한, 훌륭한

She is a great scientist.
그녀는 위대한 과학자입니다.

This is a great party.
이것은 훌륭한 파티입니다.

---

372 # green [grí:n 그리인]

형 녹색의, 푸른 명 녹색

I'm looking for green tea.
녹차를 찾고 있어요.

The girl's favorite color is green.
그 소녀가 가장 좋아하는 색깔은 초록색이에요.

---

373 # ground [gráund 그라운드]

명 땅바닥, 땅, 기초

A mole lives in the ground.
두더지는 땅속에서 살아요.

We sat down on the ground.
우리는 땅바닥에 앉았어요.

---

374 # group [grú:p 그루웁]

명 단체, 집단, 무리

Make groups of three.
3명을 한 조로 만드세요.

This is a group of artists.
이들은 예술가들의 집단입니다.

375 # grow [gróu 그로우]

동 성장하다

This tree is growing well.
이 나무는 잘 자라고 있습니다.

Have you grown taller this year?
올해 키가 더 컸나요?

- 과거형 **grew**[grú: 그루우] – 과거분사형 **grown**[gróun 그로운]

376 # guess [gés 게스]

동 추측하다, ~일 것이라고 생각하다 명 추측, 짐작

Can you guess who her father is?
그녀의 아빠가 누구인지 추측할 수 있겠어요?

Give it a guess.
한 번 맞혀 봐.

377 # guide [gáid 가이드]

명 안내서, 안내자, 가이드

Do you have a Korean tour guide?
한국어 관광 안내서 있어요?

She works as a tour guide in Paris.
그녀는 파리에서 관광 가이드로 일해요.

378 # guy [gái 가이]

명 남자, 녀석, 사내

That guy lied to me.
저 녀석이 나에게 거짓말을 했어요.

He's a handsome guy.
그는 잘생긴 남자다.

[eitʃ 에이취]

379 # habit [hǽbit 해비트]

🅜 버릇, 습관

He has the habit of snoring in his sleep.
그는 코를 골며 자는 버릇이 있어요.

I got into the habit of exercising.
나는 운동하는 습관이 생겼다.

---

380 # hair [hér 헤어]

🅜 머리카락, 털

My mother has blond hair.
우리 엄마는 금발이에요.

She is brushing her dog's hair.
그녀는 자신의 강아지 털을 빗질하고 있어요.

---

381 # hand [hǽnd 핸드]

🅜 손

Raise your right hand!
오른손을 드세요!

She lost her child's hand.
그녀는 아이의 손을 놓쳤습니다.

382 # hang [hǽŋ 행]

동 걸다, 매달다

The swing is hanging on the tree.
그네가 나무에 매달려 있어요.

Dad hung a clock on the wall.
아빠는 벽에 시계를 걸었어요.

- 과거형 **hung**[hʌ́ŋ 헝] – 과거분사형 **hung**[hʌ́ŋ 헝]

383 # happen [hǽpən 해펀]

동 발생하다, 우연히 ~하다

Accidents like this happen all the time.
이와 같은 사고는 늘 발생한다.

I happened to meet her on the street.
나는 우연히 길에서 그녀를 만났어요.

384 # happy [hǽpi 해피]

형 행복한, 기쁜, 즐거운

She is a happy face.
그녀는 행복한 얼굴이에요.

Is today a happy day?
오늘은 행복한 날인가요?

385 # hard [háːrd 하아드]

형 단단한, 어려운 부 열심히

The rock is hard.
바위는 단단해요.

He works hard all day.
그는 하루 종일 열심히 일합니다.

386 # hat [hǽt 해트]

명 **모자**

The farmer wears a straw hat.
농부는 밀짚모자를 쓰고 있어요.

Please take off your hat indoors.
실내에서는 모자를 벗어주세요.

387 # hate [héit 헤이트]

동 **미워하다, 싫어하다**

I hate going to school every Monday.
나는 월요일이면 학교에 가기가 싫어요.

I hate my lying brother.
나는 거짓말하는 동생이 미워요.

388 # have [hǽv 해브]

동 **가지다, 먹다, (병이) 걸리다**

How many toys do you have?
당신은 몇 개의 장난감을 가지고 있나요?

I have breakfast at seven.
나는 7시에 아침을 먹어요.

I have a cold.
나는 감기에 걸렸어요.

● 과거형 **had**[hǽd 해드] - 과거분사형 **had**[hǽd 해드]

389 **he** [hí: 히이]

데 그는, 그가

He is my teacher.
그는 내 선생님이에요.

Do you think he wants to play?
그가 놀기를 원한다고 생각하세요?

- **his**[híz 히즈] 그의, **him**[hím 힘] 그를

390 **head** [héd 헤드]

명 머리, 고개, 책임자

Don't touch my head.
내 머리에 손대지 마세요.

The head teacher is very kind.
교장선생님은 매우 친절하세요.

391 **headache** [hédèik 헤드에이크]

명 두통, 골칫거리

I have a headache.
나는 두통이 있어요.

392 **heart** [háːrt 하아트]

명 심장, 마음, 하트

Heart and star-shaped cookies
하트와 별모양의 쿠키

Can you feel your heart beating?
심장이 뛰는 게 느껴지나요?

393 **heat** [híːt 히이트]

명 **더위, 열, 온도, (조리용) 불**

I suffered from the heat all summer.
나는 여름 내내 더위로 고생했어요.

The heat of the stove is too hot.
난로의 열이 너무 뜨거워요.

---

394 **heaven** [hévən 헤번]

명 **천국, 천당, 낙원**

My grandmother is in heaven.
우리 할머니는 천국에 계세요.

This is the only heaven on Earth.
여기가 지상의 유일한 낙원입니다.

---

395 **heavy** [hévi 헤비]

형 **무거운, 많은**

heavy rain
폭우[많은 비]

This bag is very heavy.
이 가방은 매우 무거워요.

---

396 **helicopter** [hélikàptər 헬리캅터]

명 **헬리콥터**

There is a model helicopter on the shelf.
선반위에 모형 헬리콥터가 있어요.

397 # hello/hey/hi [helóu 헬로우, héi 헤이, hái 하이]

감 안녕하세요 / 이봐 / 안녕

Hello, Yumi.- Hello, Ara. How are you?
안녕하세요, 유미. – 안녕하세요, 아라. 어떻게 지내세요?

Hey, can I just ask you something?
이봐, 뭐 하나만 물어봐도 돼?

Hi, Wendy.- Hi, Yumi.
안녕, 웬디.- 안녕, 유미.

398 # help [hélp 헬프]

동 돕다 명 도움, 지원

Can I help you?
도와 드릴까요?

I can ride a bike without
my mom's help.
나는 엄마의 도움 없이도 자전거를
탈 수 있어요.

399 # here [híər 히어]

부 여기에, 여기, 이것 명 여기, 이 곳

For here or to go?
여기서 드실 건가요 아니면 가지고 가실 건가요?

I live near here.
나는 여기 근처에 살아요.

400 **hero** [híːrou 히-로우]

명 영웅, 위인, (남자)주인공

He is the hero of the movie Iron Man.
그는 영화 아이언맨의 영웅이다.

The hero of the drama is defeating the villains.
드라마의 주인공이 악당을 물리치고 있어요.

● 반대말 **heroine**[hérouin 헤로우인] 영웅적인 여자

401 **high** [hái 하이]

형 높은

The star is high up in the sky.
별이 하늘 높은 곳에 떠 있어요.

How high is that mountain?
저 산은 얼마나 높은가요?

402 **hill** [híl 힐]

명 언덕, (낮은) 산, 비탈

My house is on the top of a hill.
우리 집은 언덕 꼭대기에 있다.

She's coming down the hill.
그녀는 비탈을 내려오고 있어요.

403 **history** [hístəri 히스터리]

명 역사, 사학, 이력

My sister is studying history at school.
여동생은 학교에서 역사를 공부하고 있어요.

The doctor asked him about his history.
의사는 그에게 병의 이력을 물었다.

404 **hit** [hít 히트]

통 때리다, 치다

I hit the ball with a bat.
나는 배트로 공을 쳤어요.

He wants to hit the ball.
그는 공을 치고 싶어 해요.

405 **hobby** [hábi 하비]

명 취미

My hobby is baking.
나의 취미는 빵 만들기입니다.

I make a hobby of watching movies.
나는 영화 보기를 취미로 해요.

406 **hold** [hóuld 호울드]

통 잡다, 잡고 있다, 쥐다

She is holding a microphone.
그녀는 마이크를 쥐고 있어요.

Hold the door, please.
문 좀 잡아 주시겠어요.

● 과거형 **held**[héld 헬드] – 과거분사형 **held**[héld 헬드]

407 **holiday** [há[ədèi 할러데이]

명 휴일, 휴가

They are on holiday.
그들은 휴가 중이에요.

Where are you going for your holiday?
휴가는 어디로 가나요?

a b c d e f g **h** i j k l m n o p q r s t u v w x y z

408 home [hóum 호움]

명 집, 가정 **형** 가정의, 가정용의

I left home at two o'clock.
나는 2시에 집을 나섰다.

I want to buy a home computer.
나는 가정용 컴퓨터를 사고 싶어요.

409 homework [hóumwə̀ːrk 호움워어크]

명 숙제, 과제

How long does it take to do your homework?
숙제하는데 얼마나 걸리니?

He gave his homework to the teacher.
그는 선생님께 숙제를 제출했다.

410 honest [ánist 아니스트]

형 정직한, 순수한, 솔직한, 정당한

This money is an honest profit.
이 돈은 정당하게 일하여 번 돈이다.

The politician looked like
an honest man.
그 정치인은 정직한 사람처럼 보였어요.

411 honey [hʌ́ni 허니]

명 벌꿀, 꿀, 여보, 자기

This cake is sweet as honey.
이 케이크는 꿀처럼 달콤해요.

My honey! I love you.
여보! 사랑해.

hope [hóup 호웁]

명 희망 **동** 희망하다

Don't give up hope.
희망을 버리지 마세요.

It will rain tomorrow. - I hope so.
내일 비가 올 거예요. – 나도 그랬으면 좋겠어요.

412

horse [hɔ́ːrs 호얼스]

명 말

That black horse is very fast.
저 흑마는 매우 빨라요.

The horse is running on the grassland.
말이 초원을 달리고 있어요.

413

hospital [háspitl 하스피틀]

명 병원

She was admitted to the hospital with the flu.
그녀는 독감으로 병원에 입원했습니다.

Is there a hospital nearby?
이 근처에 병원 있어요?

414

hot [hát 핫]

형 더운, 뜨거운, 매운

It's very hot today.
오늘은 너무 덥네요.

This curry is very hot.
이 카레는 많이 매워요.

415

416 **hour** [áuər 아우어]

명 1시간, 60분, 시간

It took three hours to get there.
거기까지 가는데 3시간 걸렸어요.

Please arrive an hour before departure.
출발 한 시간 전에 도착해 주세요.

417 **house** [háus 하우스]

명 집, 주택

This is my house.
이것은 우리 집입니다.

This house has many windows.
이 집은 창문이 많아요.

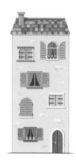

418 **how** [háu 하우]

부 어떻게, 얼마나, 어느 정도

How do you go to school? - By walk.
학교에는 어떻게 가나요? – 걸어서요.

Do you know how to play Chess?
체스를 어떻게 하는지 아세요?

419 **however** [hauévər 하우에버]

부 아무리 ~해도, ~일지라도, 그렇지만, 그러나

However hungry you are, you must wait.
아무리 배가 고프더라도, 기다려야 해.

There are many difficulties. However, I'll get over it.
많은 어려움이 있습니다. 하지만, 나는 그것을 극복할 것입니다.

human [hjú:mən 휴우먼]

420

형 사람의, 인간의 **명** 사람, 인간, 인류

I learned about human body.
나는 사람의 신체에 대해 배웠다.

Monkeys look like a human.
원숭이는 사람처럼 생겼어요.

---

humor [hjú:mər 휴우머]

421

명 유머, 농담, 우스운 일

He has no sense of humor.
그는 유머 감각이 없어요.

I couldn't understand his humor.
나는 그의 농담을 이해하지 못했다.

---

hundred [hʌ́ndrəd 헌드레드]

422

명 100, 백, 다수(몇 백, 수 백)

That bicycle costs three hundred dollars.
저 자전거는 300달러입니다.

There are hundreds of stars in the night sky.
밤하늘에 수백 개의 별들이 있어요.

---

hungry [hʌ́ŋgri 헝그리]

423

형 배고픈

Are you hungry now?
지금 배고프니?

I'm very hungry.
너무 배고파요.

424 **hunt** [hʌ́nt 헌트]

동 사냥하다, 수렵하다, 찾다 명 사냥

The hunter was hunting ducks in the river.
사냥꾼은 강에서 오리를 사냥하고 있었다.

I had a fox hunt in the woods.
나는 숲에서 여우 사냥을 했다.

425 **hurry** [hə́:ri 허어리]

동 서두르다, 재촉하다 명 서두름, 급함

Hurry up, Sujan!
서둘러, 수잔!

She is going to school in a hurry.
그녀는 서둘러 학교에 가고 있어요.

426 **husband** [hʌ́zbənd 허즈번드]

명 남편

The man who is walking is my husband.
걷고 있는 남자는 나의 남편입니다.

Her husband is a science teacher.
그녀의 남편은 과학 선생님입니다.

[ai 아이]

발음 듣기

A B C D E F G H **I** J K L M N O P Q R S T U V W X Y Z

427 **I** [ái 아이]

대 나는, 내가

I'm my father's son.
나는 아빠의 아들입니다.

I have a dog.
나는 강아지를 키웁니다.

● **my**[mái **마이**] 나의, **me**[mí: **미**] 나를

428 **ice** [áis 아이스]

명 얼음, 빙하, 빙상

I'd like apple juice with ice.
나는 얼음을 넣은 사과주스를 좋아한다.

We skate on the ice.
우리는 얼음판 위에서 스케이트를 탄다.

429 **idea** [aidí:ə 아이**디어**]

명 생각, 발상, 방법

I have an idea that the problem will be solved.
나는 그 문제가 해결될 것이라고 생각합니다.

How about going swimming? - Good idea.
수영하러 가는 게 어때요? – 좋은 생각이에요.

430 **if** [íf 이프]

접 **만약 ~면, ~하면, ~라면**

If I were a bird, I'd like to fly in the sky.
내가 만약 새라면, 하늘을 날고 싶어요.

If you win, you go first.
만약 당신이 이기면, 먼저 하세요.

431 **important** [impɔ́ːrtənt 임포오턴트]

형 **중요한, 소중한, 저명한**

It is important to study English.
영어를 공부하는 것은 중요해요.

He's a very important person in my life.
그는 나의 인생에서 매우 중요한 사람입니다.

432 **in** [in 인]

전 **~에, ~안에**

My aunt lives in New York.
나의 이모는 뉴욕에 살아요.

There is something in that box.
저 상자 안에는 뭔가가 있어요.

433 **inside** [ìnsáid 인사이드]

전 **~안에, 속에** 부 **속으로, 안에**

She's inside the house.
그녀는 집 안에 있어요.

I want to go inside.
나는 안으로 들어가고 싶어요.

434 # into [íntu 인투]

젠 ~속으로, ~안으로

Do not go into that cave.
저 동굴 속으로 들어가지 마세요.

Can you put your hand into your pocket?
주머니 속으로 손을 넣어주시겠어요?

---

435 # introduce [ìntrədjúːs 인트러**듀**우스]

통 소개하다, (처음으로) 들여오다

Allow me to introduce myself.
제 소개를 하겠습니다.

Sweet potatoes were introduced to Korea from Japan.
고구마는 일본에서 한국으로 전해졌다.

---

436 # invite [inváit 인**바**이트]

통 초대하다, 요청하다

I invited John to my house.
나는 존을 집으로 초대했다.

He invited me to comment on his report.
그는 나에게 보고서에 대해 논평해줄 것을 요청했다.

---

437 # it [ít 이트]

대 그것, (날씨, 시간, 거리, 기온을 나타내는) 비인칭 주어

What's that? - It's a rock.
저건 뭐예요? - 그것은 바위에요.

What time is it? - It's four o'clock.
지금 몇 시에요? - 4시요.

● its[íts 이츠] 그것의, it[ít 이트] 그것을

발음 듣기   [dʒei 제이]

a b c d e f g h i **j** k l m n o p q r s t u v w x y z

438 **jeans** [dʒíːnz 지인즈]

몡 청바지

She likes to wear jeans.
그녀는 청바지 입는 것을 좋아한다.

I need some winter jeans.
나는 겨울용 청바지가 좀 필요해요.

439 **job** [dʒáb 잡]

몡 직업, 일

He got a new job.
그는 새로운 일자리를 구했어요.

It is a big job.
그것은 큰 일 입니다.

440 **join** [dʒɔ́in 조인]

동 참여하다, 가입하다, 연결하다, 함께하다

I want to join the art club.
나는 미술 클럽에 가입하고 싶어요.

Do you want to join your friends?
친구들과 함께 하기를 원해요?

441 joy [dʒɔ́i 조이]

명 기쁨, 환희, 기쁨의 근원

She danced for joy at the news.
그녀는 그 소식을 듣고 기뻐서 춤을 추었어요.

Eating delicious food is the joy of life.
맛있는 음식을 먹는 것은 인생의 기쁨이에요.

---

442 just [dʒʌ́st 저스트]

부 꼭, 딱, 단지, 막, 겨우 **형** 공정한, 정당한

She looks just like her mother.
그녀는 어머니를 꼭 닮았어요.

Just a minute. please.
잠시만, 기다려주세요.

He is fair and just in judgment.
그는 판단에 있어서 공정합니다.

발음 듣기

[kei 케이]

a b c d e f g h i j **k** l m n o p q r s t u v w x y z

443 **keep** [ki:p 키입]

동 **지키다, 간직하다, 견디다**

I want to keep him.
나는 그를 지키고 싶어요.

Where do you keep the keys?
열쇠를 어디에 보관해 두세요?

- 과거형 **kept**[képt 켑트] – 과거분사형 **kept**[képt 켑트]

444 **key** [kí: 키이]

명 **열쇠, 해법, 실마리**

I put my key on the table.
나는 탁자위에 열쇠를 두었어요.

This is the key to the solution.
이것이 해결의 열쇠[실마리]예요.

445 **kick** [kík 킥]

동 **차다** 명 **킥, 차기**

He is kicking a ball in the playground.
그는 운동장에서 공을 차고 있어요.

Can you take a corner kick?
코너킥 좀 차 줄래요?

446 **kid** [kíd 키드]

명 아이, 어린이

My nephew is a smart kid.
제 조카는 영리한 아이입니다.

The kid is swimming in the pool.
아이가 수영장에서 수영을 하고 있어요.

---

447 **kill** [kíl 킬]

동 죽이다, 살인하다

Don't kill young and weak animals!
어리고 약한 동물들을 죽이지 마!

Smoking kills many people.
흡연은 많은 사람들을 죽게합니다.

---

448 **kind** [káind 카인드]

형 친절한 명 종류

Koreans are very kind.
한국인들은 매우 친절해요.

What kind of animal is that?
저 동물은 어떤 종류인가요?

---

449 **king** [kíŋ 킹]

명 왕, 국왕

The king of the UK come to Korea.
영국의 왕이 한국에 옵니다.

The king is having fun.
왕은 즐겁게 놀고 있어요.

a
b
c
d
e
f
g
h
i
j
k
l
m
n
o
p
q
r
s
t
u
v
w
x
y
z

450 # kitchen [kítʃin 키취인]

명 부엌, 주방

My father is cooking in the kitchen.
아빠는 부엌에서 요리중이에요.

The cookbook is on the kitchen table.
요리책은 주방 식탁위에 있어요.

451 # knife [náif 나이프]

명 칼

A knife can cut things.
칼은 물체를 자를 수 있어요.

Do you use a knife and fork when you eat?
당신은 먹을 때 칼과 포크를 사용하나요?

452 # know [nóu 노우]

동 알다, 깨닫다, 이해하다

I know her email address.
나는 그녀의 이메일 주소를 압니다.

Do you know where the library is?
당신은 도서관이 어디에 있는지 아세요?

● 과거형 **knew**[njú: 뉴우] – 과거분사형 **known**[nóun 노운]

[el 엘]

발음 듣기

453 **lady** [léidi 레이디]

명 숙녀, 여성

Ladies and gentlemen!
신사 숙녀 여러분!

That lady is my mother-in-law.
저 여성분은 제 장모님이세요.

---

454 **lake** [léik 레이크]

명 호수, 연못

We swam in the lake.
우리는 호수에서 수영했어요.

The lake is very deep.
호수가 매우 깊어요.

---

455 **land** [lǽnd 랜드]

명 땅, 토지 동 내려앉다, 착륙하다

Frogs live on the land and in water.
개구리는 땅과 물에서 살아요.

The plane landed at Incheon
International Airport.
그 비행기는 인천국제공항에 착륙했다.

large [láːrdʒ 라아쥐]

456

형 큰, 넓은, 대규모의

I'd like a large Coke, please.
콜라 큰 걸로 주세요.

My uncle lives in a large house.
삼촌은 큰 집에 살아요.

---

last [lǽst 래스트]

457

형 마지막의, 지난 동 계속하다, 오래가다

John is the last player.
존이 마지막 선수예요.

I graduated from middle school last month.
나는 지난달에 중학교를 졸업했다.

The rainy season will last for a month.
장마는 한 달 동안 지속될 것입니다.

---

late [léit 레이트]

458

형 늦은

I'm sorry I'm late.
늦어서 죄송합니다.

It's late at night.
밤이 늦었어요.

---

lazy [léizi 레이지]

459

형 게으른, 나태한, 느긋한

He is too lazy to do the cleaning.
그는 청소를 하기에는 너무 게을러요.

460 **leaf** [líːf 리이프]

명 나뭇잎, 잎

The leaves turn red in fall.
가을에는 나뭇잎이 빨갛게 변해요.

What color is the leaf?
그 나뭇잎은 무슨 색깔이에요?

- 복수형 **leaves**[líːvz 리이브즈]

461 **learn** [lə́ːrn 러언]

동 배우다, 학습하다

I'm learning English at school.
나는 학교에서 영어를 배우고 있어요.

I want to learn how to ski.
나는 스키 타는 법을 배우고 싶어요.

462 **left** [léft 레프트]

형 왼쪽의, 좌측의 부 왼쪽으로

Don't touch my left ear.
제 왼쪽 귀를 만지지 마세요.

Turn left, and you'll see the house.
왼쪽으로 돌면, 집이 보일 겁니다.

463 **leg** [lég 레그]

명 다리, 발

A chicken has two legs.
닭은 두 개의 다리가 있어요.

If your legs hurt, please sit down.
다리가 아프면, 좀 앉으세요.

464 # lesson [lésn 레슨]

📙 수업, 과, 교훈

He takes violin lessons once a week.
그는 일주일에 한 번 바이올린 수업을 받습니다.

The experience of failure will be a good lesson for me.
실패의 경험은 나에게 좋은 교훈이 될 거에요.

465 # letter [létər 레터]

📙 편지, 글자

I wrote a letter to Minsu.
나는 민수에게 편지를 썼어요.

Have you ever sent someone a letter?
당신은 다른 사람에게 편지를 보낸 적이 있나요?

466 # library [láibrèri 라이브레리]

📙 도서관, 서재

The library is full of books.
도서관은 책이 가득해요.

467 # lie [lái 라이]

📗 눕다; 거짓말하다

She is lying against the sofa.
그녀는 소파에 기대어 누워 있어요.

He lied to me about it.
그는 그것에 대해 나에게 거짓말을 했어요.

● '눕다'일 때 과거형 lay[léi 레이] – 과거분사형 lain[léin 레인]
'거짓말하다'일 때 과거형 lied[láid 라이드] – 과거분사형 lied[láid 라이드]

468 # light [láit 라이트]

명 빛 **형** 밝은, 가벼운

The sun gives us light.
태양은 우리에게 빛을 줍니다.

It's light out before five in the summer.
여름에는 5시 전에 날이 밝아요.

This bag is light and easy to carry.
이 가방은 가볍고 휴대가 쉽다.

469 # like [láik 라이크]

동 좋아하다 **전** ~처럼, ~와 같이 **형** 같은, 닮은

I like watching TV.
나는 TV시청을 좋아한다.

She looks like a lion.
그녀는 사자처럼 보여요.

I look very much like my dad.
나는 아빠를 아주 많이 닮았어요.

470 # line [láin 라인]

명 선, 줄

I can draw a line.
나는 선을 그릴 수 있어요.

471 # lion [láiən 라이언]

명 사자

The little lion's name is Simba.
이 어린 사자의 이름은 심바입니다.

a
b
c
d
e
f
g
h
i
j
k
l
m
n
o
p
q
r
s
t
u
v
w
x
y
z

472 **lip** [líp 립]

명 입술, 입

I'm looking for lip gloss.
립글로스를 찾고 있어요.

Her lips look pale.
그녀의 입술이 창백해 보여요.

---

473 **listen** [lísn 리슨]

동 듣다, 귀를 기울이다

Listen to me.
제 말 좀 들어 보세요.

He listens to music when he's free.
그는 한가할 때 음악을 들어요.

---

474 **little** [lítl 리틀]

형 (크기·규모가) 작은, 어린

The bug is little.
이 벌레는 작아요.

My little sister likes playing with animals.
내 여동생은 동물들과 노는 것을 좋아해요.

---

475 **live** [동 lív 리브, 형 láiv 라이브]

동 살다 형 살아있는, 생방송의, 생생한

Where do you live? - I live in Seoul.
어디에 살아요? - 나는 서울에 살아요.

live animals
살아 있는 동물들

476 # living room [lívin rú:m 리빙 루움]

명 거실

Mom is watching TV in the living room.
엄마는 거실에서 TV를 보고 있어요.

The living room was cleaned up.
거실은 깨끗이 청소되었어요.

477 # long [lɔ́:ŋ 로옹]

형 긴, 오랫동안

That is a long snake.
저것은 아주 긴 뱀이에요.

How long did you stay there?
당신은 거기서 얼마나 머물렀어요?

478 # look [lúk 룩]

동 보다, 바라보다, 찾다

Look at that!
저것 좀 보세요!

I use a telescope to look at the stars.
나는 별을 볼 때 망원경을 사용해요.

479 # love [lʌ́v 러브]

명 사랑, 애정 **동** 사랑하다, 대단히 좋아하다

My wife is my first love.
와이프가 내 첫사랑입니다.

Do you love ice cream?
당신은 아이스크림을 좋아하나요?

a
b
c
d
e
f
g
h
i
j
k
l
m
n
o
p
q
r
s
t
u
v
w
x
y
z

480 **low** [lóu 로우]

형 낮은 부 낮게, 아래로

This is a low hill.
이것은 낮은 언덕이에요.

The swallows are flying low in the sky.
제비들이 하늘을 낮게 날고 있어요.

481 **luck** [lʌ́k 럭]

명 행운

Good luck to you!
행운을 빕니다!

We had no luck.
우리는 운이 없었다

● 형 **lucky**[lʌ́ki 러키] 행운의

482 **lunch** [lʌ́ntʃ 런취]

명 점심식사

He eats vegetables for lunch.
그는 점심으로 채소를 먹어요.

Let's have lunch here.
여기서 점심 먹읍시다.

Mm
[em 엠]

발음 듣기

483 # mad [mæd 매드]

형 미친, 화가 난

He works like mad.
그는 미친 듯이 일한다.

The couple is mad at each other.
그 부부는 서로에게 화가 났어요.

---

484 # mail [méil 메일]

명 우편, 우편물

The mail is Here.
우편물이 여기 있어요.

I will check the mailbox.
내가 우편함을 확인해볼게요.

---

485 # make [méik 메이크]

동 만들다, ~하다, 갖추다

Fried eggs are easy to make.
계란 프라이는 만들기 쉬워요.

I made a speech in front of the students.
나는 학생들 앞에서 연설을 했어요.

● 과거형 **made**[méid 메이드] – 과거분사형 **made**[méid 메이드]

486 **man** [mǽn 맨]

🆒 남자, 사람

There is a man at the door.
문 앞에 한 남자가 있어요.

Is your doctor a man or a woman?
당신의 의사는 남자예요, 여자예요?

487 **many** [méni 메니]

🆒 많은, 다수의 🆒 (대)다수

There are many cars.
차가 많아요.

Many of classmates cried.
반 친구들 중 다수가 울었어요.

488 **map** [mǽp 맵]

🆒 지도

Do you have a tourist map?
관광 지도 있어요?

The map shows where to go.
지도는 어디로 가야하는지를 보여 준다.

489 **marry** [mǽri 매리]

🆒 결혼하다, 혼인하다

Will you marry me?
저와 결혼해 주시겠어요?

- 🆒 **marriage**[mǽridʒ 매리쥐] 결혼

490 # **mathematics**(=math)

[mæθəmǽtiks 매써**매**틱스]

명 수학

I became interested in math.
나는 수학에 흥미를 가지게 되었어요

I have a math test tomorrow.
나는 내일 수학시험이 있어요.

● 영국에서는 **maths**[mǽθs 매쓰]를 사용합니다.

M

491 # **may** [méi 메이]

조 ~해도 좋다, ~일지 모른다

It may rain tonight.
오늘밤 비가 올지도 몰라요.

May I open the window?
창문 좀 열어도 괜찮을까요?

● **May I ~?** '~해도 될까요?', **May**는 '5월'이란 뜻도 있어요.

492 # **meat** [míːt 미이트]

명 고기, 육류

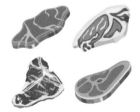

Do you like to eat meat?
고기 먹는 거 좋아하세요?

Shall I cut your meat?
고기 잘라 줄까요?

493 # meet [míːt 미이트]

图 만나다

I'm going to meet Alice.
나는 앨리스를 만날 예정입니다.

It is a pleasure to meet you.
당신을 만나서 기쁩니다.

● 과거형 met[mét 메트] – 과거분사형 met[mét 메트]

494 # memory [mémǝri 메머리]

图 기억(력), 추억, 회상

I can't remember the memory of school days.
나는 학창시절의 추억이 기억나지 않는다.

495 # middle [mídl 미들]

图 한가운데, 중앙 图 한가운데의, 보통의

Dell danced in the middle.
델은 가운데서 춤을 추었어요.

I cut my middle finger with a knife.
나는 칼에 가운데 손가락을 베었어요.

496 # might [máit 마이트]

조 ~일지도 모른다, ~해도 된다

He said he might come tomorrow.
그가 내일 올지도 모른다고 했다.

Might I use your phone?
전화 좀 써도 될까요?

● might는 may의 과거형이에요.

497 **milk** [mílk 밀크]

명 **우유**

He likes milk.
그는 우유를 좋아해요.

What animal gives us milk?
어떤 동물이 우리에게 우유를 주나요?

498 **mind** [máind 마인드]

명 **마음, 정신** 동 **주의하다, 마음에 걸려하다**

She is healthy in mind and body.
그녀는 몸과 마음이 건강합니다.

Would you mind opening the window?
창문 열어도 괜찮을까요?

499 **mirror** [mírə(r) 미러]

명 **거울, 반영**

There is a hand mirror in the bag.
가방 안에 손거울이 있다.

She looked at herself in the mirror.
그녀는 거울 속 자신을 바라봤어요.

500 **miss** [mís 미스]

동 **놓치다, 그리워하다**

I missed my school bus.
나는 스쿨버스를 놓쳤다.

I'll miss you.
나는 네가 그리울거야.

● 명 **mistake**[mistéik 미스테이크] 실수 명 **Miss** ~양(호칭)

501 money [mʌ́ni 머니]

명 돈

I have no money with me now.
나는 지금 수중에 돈이 없어요.

Look at all the money!
저 돈 좀 봐요!

---

502 monkey [mʌ́ŋki 멍키]

명 원숭이

Monkeys like to eat bananas.
원숭이는 바나나 먹는 것을 좋아해요.

This baby monkey is 2 years old.
이 아기 원숭이는 2살이에요.

---

503 month [mʌ́nθ 먼쓰]

명 (한) 달, 1개월

She will come next month.
그녀는 다음 달에 올 겁니다.

What is the last month of the year?
일 년 중 마지막 달은 몇 월입니까?

---

504 moon [múːn 무운]

명 달

Yesterday's moon was beautiful.
어제의 달은 아름다웠어요.

The moon is up in the sky.
달이 하늘에 떠 있어요.

505 morning [mɔ́ːrniŋ 모오닝]

명 아침

I usually get up at seven in the morning.
나는 보통 아침 7시에 일어난다.

I prefer morning coffee to milk.
나는 우유보다 모닝커피가 더 좋아요.

506 mother [mʌ́ðər 머더]

명 엄마, 어머니

at one's mother's knee
아주 어릴 적에[어머니 무릎에서]

My mother came to school today.
엄마는 오늘 학교에 왔어요.

507 mountain [máuntn 마운튼]

명 산

I like walking in the mountains.
나는 산에서 걷는 것을 좋아해요.

Have you ever climbed a mountain?
산에 올라가 본 적이 있나요?

508 mouse [máus 마우스]

명 쥐, 생쥐

The mouse is running in the kitchen.
생쥐가 부엌에서 달려가요.

She is scared of mice.
그녀는 쥐를 무서워해요.

● 복수형 mice[máis 마이스]

509 # mouth [máuθ 마우쓰]

명 입, 입 모양으로 된 것

The hippo has a big mouth.
하마는 입이 큽니다.

Raise your head and open your mouth wide.
고개를 들고 입을 크게 벌리세요.

510 # move [múːv 무우브]

통 움직이다, 이사하다

Don't move and Say cheese.
움직이지 말고 치즈하세요.

I am going to move to new houses next week.
나는 다음 주에 새 집으로 이사할거에요.

511 # movie [múːvi 무우비]

명 영화

I like horror movies.
나는 공포영화를 좋아해요.

Let's go to see a movie tomorrow morning.
내일 아침에 영화 보러 가요.

512 # much [mʌtʃ 머취]

형 많은 부 매우, 많이

How much food can you eat in a day?
하루에 얼마나 많은 음식을 먹을 수 있나요?

I like milk very much.
나는 우유를 아주 많이 좋아해요.

513 # museum [mjuːzíːəm 뮤우지이엄]

📖 박물관, 미술관

My class went to the science museum.
우리 반은 과학박물관을 갔어요.

The National Museum of Korea is located in Yongsan, Seoul.
국립 중앙 박물관은 서울 용산에 있어요.

514 # music [mjúːzik 뮤우직]

📖 음악

He can play music.
그는 음악을 연주할 수 있어요.

I like to listen to music.
나는 음악 듣는 것을 좋아해요.

515 # must [mʌst 머스트]

📖 ~해야 한다, ~임에 틀림없다

You must stay home today.
당신은 오늘 집에 있어야만 합니다.

It must be true.
그것은 사실임에 틀림없어요.

발음 듣기

[en 엔]

516 **name** [néim 네임]

명 이름, 성명

May I ask your name? - My name is Jane.
이름을 말해 주시겠어요? – 제 이름은 제인이에요.

His name begins with "J".
그의 이름은 "J"로 시작되요.

---

517 **nation** [néiʃən 네이션]

명 국가, 국민

He devoted himself to the nation.
그는 국가를 위해 헌신했다.

The nation is supporting the national soccer team.
국민들은 축구 국가대표팀을 응원하고 있어요.

---

518 **nature** [néitʃər 네이취어]

명 자연, 자연 그대로임, 천성, 본질

We must protect nature
for future generations.
우리는 미래 세대를 위해 자연을 보호해야 합니다.

He is by nature a gentleman.
그는 천성적으로 신사입니다.

519 **near** [níə*r* 니어]

형 가까운 부 가까이

We will meet again in the near future.
우리는 가까운 미래에 다시 만날 겁니다.

Yuna lives near the post office.
유나는 우체국 근처에 살아요.

520 **neck** [nék 넥]

명 목

He tied a ribbon around the dog's neck.
그는 강아지의 목에 리본을 매었어요.

The giraffe has a long neck.
기린은 목이 길어요.

521 **need** [níːd 니이드]

동 필요하다, ~해야 한다

I need some notebooks.
나는 공책이 좀 필요해요.

We need to hurry.
우리는 서둘러야 합니다.

522 **never** [névə*r* 네버]

부 결코 ~않다

Never give up!
결코 포기하지 마세요!

She is never going to fly.
그녀는 결코 성공하지 못 할 것입니다.

523 **new** [nú: 누우]

ⓗ 새로운, 새, 경험이 없는

Her new dress is pretty.
그녀의 새 드레스는 예뻐요.

He has a new umbrella.
그는 새 우산을 가지고 있어요.

● 반대말 **old**[óuld 오울드] 오래된, 낡은

---

524 **news** [njú:z 뉴우즈]

ⓜ 뉴스, 소식

Did you listen to the news?
뉴스 들었어요?

I have some good news for you.
당신을 위해 몇 가지 좋은 소식이 있어요.

---

525 **next** [nékst 넥스트]

ⓗ 다음의, 바로 옆의 ⓑ 다음에, 옆에

See you next week.
다음 주에 만나요.

Who is sitting next to you now?
지금 당신 옆에 누가 앉아 있나요?

---

526 **nice** [náis 나이스]

ⓗ 좋은, 멋진, 훌륭한

This bag is nice.
이 가방 좋네요.

What a nice guy!
정말 멋진 남자네요!

527 # night [náit 나이트]

명 밤, 저녁

We spent three nights in Hanoi.
우리는 하노이에서 사흘 밤을 보냈어요.

The moon and stars come out at night.
달과 별은 밤에 나와요.

528 # no [nóu 노우]

감 아니다, 없다

Was Jane at home? – No, she wasn't.
제인은 집에 있었어요? – 아니, 없었어요.

No, you may not go.
아니, 당신은 가지 않는 게 좋겠어요.

529 # noon [núːn 누운]

명 정오, 낮 12시, 한 낮

It is at noon.
낮 12시에요.

I'll meet you at noon.
정오에 만나요.

530 # north [nɔ́ːrθ 노어쓰]

명 북쪽, 북 형 북쪽의

It is cold in the north.
북쪽은 추워요.

Have you ever been to the North Pole?
당신은 북극에 가본 적 있어요?

531 **nose** [nóuz 노우즈]

명 코, 후각

She is the high bridge of the nose.
그녀는 콧대가 높은 사람이에요.
An elephant has long noses.
코끼리는 코가 길어요.

532 **not** [náːt 나아트]

부 아니다, 않다

I'm not hungry.
배 안 고파요.
This isn't my wallet.
이것은 내 지갑이 아니에요.

● **isn't**는 **is not**의 줄임말이에요.

533 **note** [nóut 노우트]

명 노트, 메모, 쪽지 동 필기하다, 적어두다

He is writing a note.
그는 쪽지를 쓰고 있어요.
She noted down the phone number.
그녀는 전화번호를 적어두었다.

534 **nothing** [nΛ́θiŋ 너씽]

대 아무것도 없다, 아무 일도 아니다

There's nothing in the drawer.
서랍 속에는 아무것도 없어요.
That is nothing care.
그것은 신경 쓸 일이 아니에요.

535 # now [náu 나우]

閉 **지금, 이제, 지금부터**

He is in Paris now.
그는 지금 파리에 있어요.

What time is it now?
지금 몇 시예요?

536 # number [nʌ́mbər 넘버]

명 **수, 숫자, 번호**

What's your cellphone number?
핸드폰 번호가 어떻게 되세요?

There are five numbers.
다섯 개의 숫자가 있습니다.

537 # nurse [nə́:rs 너어스]

명 **간호사**

She wants to be a nurse.
그녀는 간호사가 되기를 원해요.

The nurse injected vitamin.
간호사는 비타민을 주사했다.

발음 듣기

[ou 오우]

538 **ocean** [óuʃən 오우션]

명 대양, 대해, 바다, ~양

the Pacific Ocean / the Arctic Ocean
태평양 북극해

What animals live in the ocean?
바다에 사는 동물은 무엇이 있나요?

---

539 **of** [ʌv 어브]

전 ~의, ~중에

This is the skirt of the department store.
이것은 그 백화점의 스커트입니다.

They are some of my best friends.
그들은 나의 친한 친구들 중 몇 명입니다.

---

540 **off** [ɔ́:f 오-프]

부 멀리, 떠나서, 떨어져서 전 ~을 벗어나서, ~에서 (떨어져)

We get off at the next station.
우리는 다음 역에서 내립니다.

Turn off the light in the bathroom.
화장실 불을 끄세요.

A button is off your coat.
단추 하나가 코트에서 떨어졌어요.

● 'get off'는 '(전철이나 버스에서) 내리다'라는 뜻이에요.

541 # office [ɔ́:fis 오-피스]

명 사무실, 사무소

She works in an office.
그녀는 사무직으로 일한다.

His office is on the fourth floor.
그의 사무실은 4층입니다.

---

542 # often [ɔ́:fn 오-픈]

부 흔히, 종종

I am often late for school.
나는 종종 학교에 지각합니다.

How often do you wash?
얼마나 자주 씻으세요?

---

543 # oil [ɔ́il 오일]

명 기름, 오일, 석유

The U.S. is an oil exporter.
미국은 석유수출국이다.

Do you put in the olive oil?
올리브 오일 넣으시겠어요?

---

544 # old [óuld 오울드]

형 늙은, 나이가 ~인, 낡은

How old are you? - I'm eleven (years old).
몇 살이에요? - 나는 11살이에요.

I have a ten-year-old, old car.
나는 10년 된 낡은 차가 있어요.

545 **on** [ɔ́:n 어언]

전 ~위에, ~을 타고

I looked at the picture on the wall.
나는 벽에 걸린 그림을 보았어요.

I go to the company on foot.
나는 도보로 회사에 가요.

546 **one** [wʌ́n 원]

명 하나, 1 형 하나의, 어떤

Pick up one of the apples.
사과 중 하나만 고르세요.

There were one or two candies in the box.
박스 안에는 한두 개의 캔디가 있었어요.

547 **only** [óunli 오운리]

형 유일한, 오직 ~만의 부 오직, ~만

I'm an only child.
나는 외동입니다.

I only have a pen.
나는 오직 펜 한 자루를 가지고 있어요.

548 **open** [óupən 오우펀]

형 열린, 열려 있는, 문을 연 동 열다

Come in, The door is open.
들어오세요, 문은 열려 있어요.

Open your textbooks to page 15.
교과서 15페이지를 펴세요.

549 **or** [ɔ́ːr 오어]

웹 또는, ~이나, 그렇지 않으면

Which do you like, coffee or juice?
커피 또는 쥬스 어느 것을 좋아해요?

Get up early or you'll be late.
일찍 일어나라 그렇지 않으면 늦을거야.

---

550 **out** [áut 아우트]

뮈 밖으로, 떠나서   젠 밖으로, ~에서

Let's go out.
외출해요.

He is going out of the door.
그는 문 밖으로 나가고 있어요.

---

551 **over** [óuvər 오우버]

젠 ~위에, ~위의, ~너머의 뮈 건너서, ~로

The dog jumped over the fence.
개가 울타리를 뛰어 넘었어요.

I went over to Japan yesterday.
나는 어제 일본으로 건너갔다.

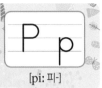

[pi: 피-]

552 # paint [péint 페인트]

명 그림물감, 페인트 동 칠하다, 그리다

The baby is playing with paint.
아기가 물감 놀이를 하고 있어요.

Let's paint a picture.
그림을 그립시다.

553 # palace [pǽlis 팰리스]

명 궁전, 왕실, 대저택

The king lives in a big palace.
왕은 큰 궁전에 살아요.

His house is as beautiful as a palace.
그의 집은 궁전처럼 아름다워요.

554 # pants [pǽnts 팬츠]

명 바지, 팬츠

What color pants do you like?
무슨 색깔 바지를 좋아하세요?

Wear long pants when you go out.
외출할 때는 긴 바지를 입어라.

555 # paper [péipər 페이퍼]

명 종이

Please, give me a piece of paper.
종이 한 장 주세요.

What is paper made from?
종이는 뭐로 만드는 거예요?

556 # parent [péərənt 페런트]

명 부모, 학부모

I went on a picnic with my parents.
나는 부모님과 소풍을 갔어요.

This parent has many children.
이 부모는 자식이 많아요.

557 # park [páːrk 파아크]

명 공원 **동** 주차하다

Let's play in the Park!
공원에서 놀자!

Can I park here?
여기에 주차해도 되나요?

558 # part [páːrt 파아트]

명 부분, 일부, 조각, 편

A propeller is a part of the helicopter.
프로펠러는 헬리콥터의 일부분입니다.

broken parts of a vase
꽃병의 깨진 조각들

559 **pass** [pǽs 패스]

⑧ 통과하다, 시험을 통과하다, 건네다, 건네주다

He passed the entrance examination.
그는 입학시험에 합격했다.

Please pass me the salt.
소금 좀 건네주세요.

560 **pay** [péi 페이]

⑧ 지불하다, 치르다 ⑲ 지불, 급료

Can I pay for it by credit card?
신용카드로 지불해도 될까요?

I asked for a pay raise.
나는 임금 인상을 요청했어요.

● 과거형 **paid**[péid 페이드] – 과거분사형 **paid**[péid 페이드]

561 **peace** [píːs 피이스]

⑲ 평화, 평온

A dove is an emblem of peace.
비둘기는 평화의 상징이에요.

We want peace on the Korean Peninsula.
우리는 한반도의 평화를 원합니다.

562 **pear** [péə(r) 페어]

⑲ (과일) 배

A pear is his favorite fruit.
배는 그가 가장 좋아하는 과일이에요.

There is a pear tree in my garden.
우리집 정원에는 배나무 한 그루가 있어요.

563 # pencil [pénsəl 펜셜]

명 연필

The pencil is used for sketching.
연필은 스케치하는데 사용됩니다.

There are pencils and erasers on the desk.
책상위에 연필과 지우개가 있어요.

564 # people [píːpl 피이플]

명 사람들, 국민, 민족

How many people are there in your family?
당신의 가족은 몇 사람이죠?

The Korean people usually eat kimchi well.
한국 사람들은 대게 김치를 잘 먹는다.

565 # pick [pík 픽]

동 고르다, 따다, 잡다

Do you like to pick your clothes?
옷을 고르는 것을 좋아해요?

The children are picking apples.
아이들이 사과를 따고 있어요.

566 # picnic [píknik 피크닉]

명 소풍, 피크닉

I'm going on a picnic this weekend.
나는 이번 주말에 소풍을 갈 거예요.

It's a nice day for a picnic.
소풍가기에 좋은 날씨에요.

a b c d e f g h i j k l m n o **p** q r s t u v w x y z

567 **picture** [píktʃər 픽취어]

명 그림, 사진

She and I like to draw pictures
그녀와 나는 그림 그리는 것을 좋아합니다.

I took a picture of my mother.
나는 엄마의 사진을 찍었다.

568 **pig** [píg 피그]

명 돼지

My uncle runs a pig farm.
나의 삼촌은 돼지 농장을 운영해요.

He's as fat as a pig.
그는 돼지처럼 뚱뚱해요.

569 **pink** [píŋk 핑크]

명 분홍색 형 분홍색의

My daughter likes pink.
우리 딸은 핑크색을 좋아합니다.

Do you have a pink hairband?
핑크색 머리띠 있어요?

570 **place** [pléis 플레이스]

명 장소, 공간, 위치 동 (~에) 놓다, 두다

Hawaii is a beautiful place.
하와이는 아름다운 곳입니다.

She placed the plate on the table.
그녀는 접시를 식탁위에 놓았습니다.

571 **plan** [plǽn 플랜]

명 계획, 방안 **동** 계획하다, 계획을 세우다

Do you have any plans for the holiday?
휴일에 어떤 계획이라도 있어요?

She planned her honeymoon last night.
그녀는 어젯밤에 신혼여행 계획을 세웠어요.

572 **play** [pléi 플레이]

동 놀다, (게임, 놀이 등을) 하다, ~을 연주하다

Let's play baseball after school.
방과 후에 야구를 하자.

He's playing the guitar.
그는 기타를 연주하고 있어요.

573 **please** [plíːz 플리이즈]

부 제발, 부디

Please, close the door.
제발, 문 좀 닫아주세요.

When do you usually say 'Please'?
보통 '제발'이라는 말을 언제 하나요?

574 **P.M./p.m.** [píːém 피이엠]

명 오후

The restaurant closes at 10 p.m.
그 식당은 오후 10시에 문을 닫아요.

Come home by 9 p.m.
오후 9시까지는 들어오세요.

● 반대말 **a.m.** [éiém 에이엠] 아침

575 **pocket** [pá:kit 파아킷]

명 주머니, 포켓

What is in his pocket?
그의 주머니에 무엇이 있나요?

There is a cellphone in the pocket.
주머니에는 핸드폰이 있어요.

576 **point** [pɔ́int 포인트]

명 요점, 의견, 점수, (뾰족한) 끝 동 가리키다, 겨누다

Do you know the point of the book?
그 책의 요점을 알겠어요?

Be careful. It has a sharp point.
조심해요. 그것은 끝이 날카로워요.

She pointed her finger at me.
그녀는 손가락으로 나를 가리켰어요.

577 **police** [pəlíːs 펄리이스]

명 경찰, 경찰관(집합적)

My father is a policeman.
아빠는 경찰관입니다.

578 **poor** [púər 푸어]

형 가난한, 불쌍한, 서투른

Poor people don't have much money.
가난한 사람들은 돈이 많지 않아요.

He is still poor at English.
그는 아직까지 영어가 서투릅니다.

potato [pətéitou 퍼테이토우]

579

명 감자

I'll have a potato chip.
감자칩으로 할게요[주세요].

power [páuər 파우어]

580

명 능력, 힘, 권력

Natural disasters are not within human power.
자연 재해는 인간의 능력 밖의 일이다.

All parties hope to take power.
모든 정당은 권력을 잡기를 희망한다.

● **명** party[pá:rti 파아티] 정당; 파티; 일행

present [형 명 préznt 프레즌트, 동 prizént 프리젠트]

581

형 출석한, 참석한 **명** 선물; 현재 **동** 증정하다, 제출하다

I was present at the entrance ceremony.
나는 입학식에 참석했다.

She gave me a birthday present.
그녀는 내게 생일선물을 주었어요.

She presented her books to the students.
그녀는 자신의 저서를 학생들에게 증정했어요.

pretty [príti 프리티]

582

형 예쁜, 매력적인

What a pretty skirt!
정말 예쁜 치마네요!

She is a cute and pretty girl.
그녀는 귀엽고 예쁜 소녀예요.

P

583 # prince [príns 프린스]

명 왕자, 세자

The prince is going to a party.
왕자는 파티에 가고 있어요.

● 반대말 **princess**[prínses 프린세스] 공주, 왕세자비

---

584 # print [prínt 프린트]

동 인쇄하다, 출판하다 명 출판, 인쇄

Could you print this document?
이 문서를 인쇄해 주시겠습니까?

We printed 5,000 copies in the first printing.
우리는 초판으로 5천부를 발행했다.

This book was out of print two years ago.
이 책은 2년전에 절판되었습니다.

---

585 # prize [práiz 프라이즈]

명 상, 상품, 상금

He won the prize in a singing contest.
그는 노래대회에서 상을 탔다.

I got a bicycle as a prize.
나는 상품으로 자전거를 받았어요.

---

586 # problem [prábləm 프라블럼]

명 문제, 과제

Can you solve this problem?
이 문제를 해결할 수 있어요?

Can I leave my bag here? - No problem.
내 가방을 여기에 놔둬도 될까요? - 문제없어요(괜찮아요.)

587 **puppy** [pʌ́pi 퍼피]

명 강아지

My puppy is very cute.
내 강아지는 정말 귀여워요.

---

588 **push** [púʃ 푸쉬]

동 밀다, 누르다

Can you push me a little forward?
저를 조금만 앞으로 밀어 줄 수 있어요?

What is he pushing?
그는 무엇을 밀고 있어요?

- 반대말 **pull**[púl 풀] 당기다

---

589 **put** [pút 푸트]

동 놓다, 두다

She put some plates on the table.
그녀는 접시를 탁자위에 놓았어요.

Put on your hat.
모자를 쓰세요.

- 과거형 **put** – 과거분사형 **put**
  '**put on**'은 '~을 입다/쓰다'라는 뜻이에요.

---

590 **puzzle** [pʌ́zl 퍼즐]

명 퍼즐

I like doing jigsaw puzzles.
나는 퍼즐 맞추는 걸 좋아해요.

발음 듣기

[kju: 큐-]

---

591 **queen** [kwíːn 퀴인]

명 여왕

May is the queen of seasons.
5월은 계절의 여왕이다.

The queen of England is Elizabeth II.
영국여왕은 엘리자베스 2세이다.

---

592 **question** [kwéstʃən 퀘스쳔]

명 질문

Can I ask a question?
질문 하나 해도 되요?

To be or not to be. that is the question.
사느냐 죽느냐. 그것이 문제로다.

---

593 **quick** [kwík 퀵]

형 빠른, 신속한

Be quick!
빨리 하세요!

A paper boat is very quick and easy to make.
종이배는 만들기가 아주 빠르고 쉽다.

- 부 **quickly** [kwíkli 퀴클리] 빠르게

quiet

594 # quiet [kwáiət 콰이어트]

형 조용한, 한적한, 고요한

Be quiet!
조용히 하세요!

We need to be quiet in the library.
도서관에서 우리는 조용히 할 필요가 있어요.

- 반대말 **noisy**[nɔ́izi 노이지] 시끄러운
  모양이 비슷한 '**quite**[kwáit 콰이트]'는 '꽤, 상당히'라는 뜻이에요.

A
B
C
D
E
F
G
H
I
J
K
L
M
N
O
P
Q
R
S
T
U
V
W
X
Y
Z

177

발음 듣기

[ɑːr 아알]

595 # rabbit [rǽbit 래비트]

명 토끼

I read the story of a rabbit and a turtle.
나는 토끼와 거북이 이야기를 읽었어요.

Rabbits like to eat carrots.
토끼는 당근 먹는 것을 좋아해요.

---

596 # race [réis 레이스]

명 경주, 달리기, 레이스

Who won the marathon race?
그 마라톤 경주에서 누가 이겼나요?

I'm going to take part in a car race next week.
다음 주에 자동차 경주에 참가할 겁니다.

---

597 # rain [réin 레인]

명 비 동 비가 오다

We had a lot of rain last month.
지난달에 비가 많이 왔어요.

Is it raining?
비가 와요?

● **형 rainy** [réini 레이니] 비가 많이 오는

598 **rainbow** [réinbòu 레인보우]

명 무지개

I can see a rainbow!
무지개가 보여요!

She is standing under a rainbow.
그녀는 무지개 아래에 서 있다.

599 **read** [ríːd 리이드]

동 읽다

Sujan, read out the storybook.
수잔, 이야기책을 읽어봐.

Does he know how to read?
그는 글을 읽을 줄 알아요?

Jane read some comic books yesterday.
제인은 어제 만화책을 읽었어요.

● **명 reading** [rídiŋ 리이딩] 독서
과거형 **read** [réd 레드] – 과거분사형 **read** [réd 레드]는 현재형과 모양이 같지만
발음은 달라요.

600 **ready** [rédi 레디]

형 준비가 된

We are getting ready for dinner.
우리는 저녁식사 준비를 하고 있어요.

I'm ready to go to school.
학교에 갈 준비 됐어요.

601 red [réd 레드]

명 빨강, 빨간색 형 빨간, 붉은

The skin of an apple is red.
사과 껍질은 빨간색입니다.

Do you like red **wine?**
적포도주 좋아 하세요?

602 remember [rimémbər 리멤버]

동 기억하다, 생각해내다

Do you remember **me?**
나를 기억하세요?

She can't remember **my last name.**
그녀는 나의 성을 기억하지 못해요.

603 restaurant [réstərənt 레스터런트]

명 식당

She is eating at an Italian restaurant.
그녀는 이탈리아 식당에서 식사를 하고 있어요.

Where is your favorite restaurant?
당신이 좋아하는 식당은 어디예요?

604 restroom [réstru:m 레스트루움]

명 (공공장소의) 화장실

Excuse me. Where is the restroom?
실례합니다. 화장실은 어디예요?

- 영국에서는 화장실이 갖추어진 공간을 보통 **toilet**[tɔ́ilit 토일리트]라고 해요.

605 # return [ritə́ːrn 리**터**언]

통 돌아오다, 돌려주다

I forgot to return my library book.
나는 도서관 책을 반납하는 것을 잊었어요.

This boxing match is a return match.
이번 복싱 경기는 설욕전입니다.

606 # rich [rítʃ 리**취**]

형 부유한, 풍부한

He became rich.
그는 부자가 되었어요.

Our country is not rich in water.
우리나라는 물이 풍부하지 않다.

607 # right [ráit 라**이**트]

형 오른쪽의, 옳은 명 오른쪽, 옳은 것

Put up your right hand.
오른 손을 드세요.

This is your coat. Isn't it? - That's right.
이것은 당신의 코트예요. 그렇죠? - 맞아요.

Turn right at the first corner.
첫 코너에서 오른쪽으로 돌아가세요.

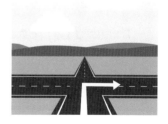

608 **ring** [ríŋ 링]

명 반지, 고리 동 울리다

She has a new ring.
그녀는 새 반지를 가지고 있어요.
The bell already rang.
종이 이미 울렸어요.

- 과거형 **rang**[ræŋ 랭] – 과거분사형 **rung**[rʌŋ 렁]

609 **river** [rívər 리버]

명 강, 하천

We went fishing in the river.
우리는 강으로 낚시를 갔어요.

610 **road** [róud 로우드]

명 길, 도로

Don't run into the road.
도로로 뛰어들지 마세요.
The road goes over the hill.
그 길은 언덕을 넘어가요.

611 **rock** [rák 락]

명 바위, 돌

This is a big rock!
이건 커다란 바위에요!
Let's sit on a rock.
바위 위에 앉자.

612 **roof** [rúːf 루우프]

명 지붕

My room is on the rooftop.
내 방은 옥상에 있어요.

There is a kitten on the roof.
지붕 위에 새끼 고양이가 있어요.

---

613 **room** [rúːm 루움]

명 방, -실

waiting room
대기실

The little house has little rooms.
그 작은 집에는 작은 방들이 있어요.

---

614 **run** [rʌ́n 런]

동 달리다

Tom ran as fast as he could.
탐은 가능한 최대로 빨리 달렸어요.

You need your feet to run!
뛰려면 발이 필요해요!

● 과거형 **ran**[ræn 랜] – 과거분사형 **run**[rʌn 런]

615 # **sad** [sǽd 새드]

형 슬픈, 애석한

What's wrong? - You look sad.
뭐가 잘못됐어? – 슬퍼 보이는데요.

This is a sad face.
이것은 슬픈 얼굴이에요.

616 # **safe** [séif 세이프]

형 안전한

They looked for a safe place.
그들은 안전한 곳을 찾았어요.

Is the water here safe to drink?
여기 물은 마셔도 안전한가요?

● 명 **safety** [séifti 세이프티] 안전(함), 안전성

617 # **sale** [séil 세일]

명 판매, 거래, 할인 판매

I offered my house up for sale.
나는 집을 팔려고 내놓았어요.

How long is the summer sale?
여름 세일기간은 얼마나 되나요?

618 # salt [sɔ́ːlt 소올트]

명 소금

She uses too much salt.
그녀는 소금을 너무 많이 사용해요.

● **형 salty**[sɔ́ːlti 소올티] 소금이 든, 짭짤한

---

619 # same [séim 세임]

형 같은, 똑같은

We have the same ring.
우리는 같은 반지를 가지고 있어요.

They look the same as twins.
그들은 쌍둥이처럼 똑같아 보여요.

---

620 # sand [sǽnd 샌드]

명 모래, 모래사장

We played in the sand.
우리는 모래사장에서 놀았어요.

There is a lot of sand on the beach.
해변에는 모래가 많아요.

---

621 # save [séiv 세이브]

동 구하다, (돈을) 모으다, 절약하다

119 paramedics saved the boy.
119구급대원이 그 소년을 구했어요.

She's saving money for a trip around the world.
그녀는 세계여행을 위해 돈을 모으고 있어요.

622 **say** [séi 세이]

동 말하다, 전하다

Could you say that again, please?
다시 한 번 말씀해 주시겠어요?

What would you say to her?
그녀에게 뭐라고 말할 건가요?

● 과거형 **said**[séd 세드] – 과거분사형 **said**[séd 세드]

623 **school** [skúːl 스쿠울]

명 학교

School starts tomorrow.
내일이 개학이에요.

He goes to school to study.
그는 공부하러 학교에 가요.

624 **science** [sáiəns 사이언스]

명 과학, (특정의) 학문, ~학

He likes science class.
그는 과학수업을 좋아해요.

I am very interested in the science of history.
나는 역사학에 관심이 많이 있어요.

625 **scissors** [sízərz 시저즈]

명 가위

I bought two pairs of scissors at the mall.
나는 쇼핑몰에서 가위 두 개를 샀어요.

Can you pass me the scissors?
가위 좀 건 내 주실래요?

626 **score** [skɔ́ːr 스코-어]

명 점수, 득점 동 (~의 득점을)하다

My test score is a failing grade.
내 시험 점수는 낙제점이에요.

I didn't score a goal in the game.
나는 경기에서 득점을 하지 못했다.

627 **sea** [síː 시이]

명 바다, ~해, 파도

I swim in the sea.
나는 바다에서 수영해요.

Whales live in the sea.
고래는 바다에 살아요.

628 **season** [síːzn 시이즌]

명 계절, 철, 시즌

Which season do you like?
당신은 어떤 계절이 좋아요?

It rains a lot in the rainy season.
우기에는 비가 많이 와요.

629 **see** [síː 시이]

동 보다, 알다

Nice to see you again.
다시 만나서 반가워요.

What do you see?
무엇이 보이나요?

● 과거형 **saw**[sɔ́ː 소오] - 과거분사형 **seen**[síːn 시인]

630 # sell [sél 셀]

⑧ 팔다, 판매하다, 팔리다

She sells hairbands.
그녀는 머리띠를 팔아요.

Fruits are sold at a high price.
과일들은 비싼 가격에 팔린다.

- 과거형 **sold**[sóuld 소울드] – 과거분사형 **sold**[sóuld 소울드]
  반대말 **buy**[bái 바이] 사다

631 # send [sénd 센드]

⑧ 보내다, 발송하다, 전하다

Please send me your photo.
나에게 당신의 사진을 보내주세요.

She forgot to send the letter.
그녀는 편지를 보내는 것을 잊었어요.

- 과거형 **sent**[sént 센트] – 과거분사형 **sent**[sént 센트]

632 # she [ʃíː 쉬이]

⑭ 그녀는

She loves her work.
그녀는 자신의 일을 사랑합니다.

She has a warm heart
as well as a pretty face.
그녀는 예쁜 얼굴뿐만 아니라 따뜻한
마음도 가졌다.

- **her**[hə́ːr 허어] 그녀의, **her**[hə́ːr 허어] 그녀를
  두 단어는 모양이 같아요.

633 # ship [ʃíp 쉽]

명 배, 선박

The ship is a cargo ship.
그 배는 화물선이에요.

The Jang Bogo Ship sails for the Pacific Ocean.
장보고함은 태평양으로 출항합니다.

634 # shock [ʃá:k 샤아크]

명 충격, (의학)쇼크 동 충격을 주다

The news was a shock to everybody.
그 소식은 모든 사람들에게 충격이었다.

I was shocked at the news of her accident.
나는 그녀의 사고 소식에 충격을 받았습니다.

635 # shoe [ʃú: 슈우]

명 구두

The girl wore red shoes.
그 소녀는 빨간 구두를 신었습니다.

Are there any other color shoes?
다른 색상의 신발 있어요?

636 # shop [ʃáp 샵]

명 가게, 상점 동 (물건을) 사다, 쇼핑을 하다

The shop sells clothes.
그 가게는 옷을 팝니다.

I shopped for jeans at the mall.
나는 쇼핑몰에 청바지를 사러 갔어요.

637 short [ʃɔ́ːrt 쇼오트]

형 짧은, 작은

He had short curly hair.
그는 짧은 곱슬머리였어요.

What is the opposite of "short"?
'짧은'의 반대말은 무엇인가요?

638 should [ʃúd 슈드]

조 ~해야 한다, ~하지 않으면 안 된다, ~할 것이다

You should study more.
너는 공부를 좀 더 해야 한다.

If the cellphone is found, I should send it to you.
만약 핸드폰이 발견된다면, 당신에게 보낼 것입니다.

639 show [ʃóu 쇼우]

동 보이다 명 공연, 프로그램

Can you show me the way to the taxi stand?
택시 승강장으로 가는 길을 보여[가르쳐] 주시겠어요?

Is this your last show?
이번이 마지막 공연인가요?

640 shy [ʃái 샤이]

형 수줍음이 많은, 부끄러워하는

Don't be so shy.
그렇게 부끄러워하지 마세요.

She is shy by nature.
그녀는 천성적으로 부끄러움이 많다.

641 **sick** [sík 시크]

형 아픈, 병든

You look sick.
아파 보여요.

The poor dog is sick.
가엾은 강아지가 아파요.

---

642 **side** [sáid 사이드]

명 옆, 측면

The tree is at the side of the river.
그 나무는 강 옆에 있어요.

Do you have a table at the side of your bed?
당신의 침대 옆에 테이블이 있나요?

---

643 **sing** [síŋ 싱]

동 노래하다, 지저귀다

She loves to sing.
그녀는 노래하는 것을 좋아해요.

What song can you sing?
어떤 노래를 부를 수 있어요?

● 과거형 **sang**[sǽŋ 생] - 과거분사형 **sung**[sʌ́ŋ 성]

---

644 **sister** [sístər 시스터]

명 자매

Do you have any brothers or sisters?
형제자매가 있나요?

She is their elder sister.
그녀는 그들의 언니예요.

645 # sit [sít 시트]

통 앉다, ~에 있다

Please sit down.
앉아 주세요.

My school sits across the river.
나의 학교는 강 건너편에 있어요.

- 과거형 sat[sǽt 새트] – 과거분사형 sat[sǽt 새트]

646 # size [sáiz 사이즈]

명 크기, 규모

Do you have this in a larger size?
이거 더 큰 사이즈 있어요?

I'm looking for a small size.
스몰 사이즈 찾고 있어요.

647 # skin [skín 스킨]

명 (사람)피부, (동물)가죽

She has very sensitive skin.
그녀는 매우 민감한 피부를 지녔어요.

This bag is made of calf skin.
이 가방은 송아지 가죽으로 만들어졌어요.

648 # skirt [skə́ːrt 스커어트]

명 치마

I prefer pants to skirts.
나는 치마보다 바지를 더 좋아해요.

A white skirt is just my style.
흰 치마는 딱 내 스타일이야.

649 **sky** [skái 스카이]

명 하늘, 상공

The sky is blue.
하늘은 파랗습니다.

The night sky is full of stars.
밤하늘은 별들로 가득해요.

650 **sleep** [slíːp 슬리입]

동 자다, ~에 묵다

Did you sleep well?
잘 잤어요?

I will sleep at my cousin's house tomorrow.
나는 내일 사촌 집에서 묵을 거예요.

- 과거형 **slept**[slépt 슬렙트] – 과거분사형 **slept**[slépt 슬렙트]
  형 sleepy[slíːpi 슬리이피] 졸린

651 **slow** [slóu 슬로우]

형 느린, 더딘

The bus is very slow.
버스가 매우 느려요.

A rabbit is fast, a turtle is slow.
토끼는 빠르고 거북이는 느려요.

652 **small** [smɔ́ːl 스모올]

형 작은, 적은, 소형의

My car is small.
내 차는 작아요.

653 # smart [smάːrt 스마아트]

형 똑똑한, 영리한, 맵시 있는

My daughter is a smart child.
내 딸은 영리한 아이에요.

He looks very smart.
그는 아주 맵시 있어 보여요.

654 # smell [smél 스멜]

동 냄새가 나다 명 냄새, 후각

Wow! something smells good.
와! 뭔가 좋은 냄새가 나는데요.

This perfume has a sweet smell.
이 향수는 달콤한 냄새가 나요.

655 # smile [smáil 스마일]

동 웃다, 미소 짓다 명 미소, 웃음

The girl smiled happily.
소녀는 행복한 미소를 지었어요.

What a big smile!
정말 함박웃음이네!

656 # snow [snóu 스노우]

명 눈 동 눈이 오다

We had a lot of snow this winter.
올 겨울에는 눈이 많이 왔어요.

It is snowing out the window.
창밖으로 눈이 내리고 있어요.

657 **so** [sóu 소우]

부 그렇게, 너무, 정말(로) **접** 그래서

Don't eat so much.
너무 많이 먹지마세요.

I'm so glad to see you today.
오늘 만나서 정말 반가웠어요.

He had a high fever so he
had absented himself from school.
그는 고열이 있었어요 그래서 학교를 결석했었어요.

658 **soccer** [sákər 사커]

명 축구

He damaged his knee in
a soccer match.
그는 축구를 하다가 무릎을 다쳤어요.

Soccer is a very active sport.
축구는 매우 활동적인 운동이에요.

659 **sock** [sák 사크]

명 양말

I lost a pair of socks.
양말 한 켤레를 잃어버렸어요.

My only hobby is collecting socks.
내 유일한 취미는 양말 모으기예요.

a b c d e f g h i j k l m n o p q r **s** t u v w x y z

660 # soft [sɔ́:ft 소오프트]

형 **부드러운, 푹신한, 연한**

This bed is so soft.
이 침대는 정말 푹신 거린다.

Her hair is soft and glossy.
그녀의 머릿결은 부드럽고 윤이 난다.

661 # some [sʌ́m 섬]

형 **약간의, 몇 개의** 대 **조금, 약간**

We need some time.
우리에게는 약간의 시간이 필요해요.

Give me some of those files.
그 파일 좀 줘요.

662 # son [sʌ́n 선]

명 **아들, 자식, 자손**

We have two sons.
우리는 아들 둘이 있어요.

My son's dream is to be a soldier.
내 아들의 꿈은 군인이 되는 것이에요.

663 # song [sɔ́:ŋ 소옹]

명 **노래, 곡**

Let's sing some songs.
노래 좀 부릅시다.

She has many hit songs.
그녀는 많은 히트곡을 가지고 있어요.

664 **sorry** [sɔ́ːri 소오리]

형 슬픈, 유감의, 미안한

I'm sorry I'm late.
늦어서 미안합니다.

I'm sorry to hear that.
그 말을 들어 정말 유감입니다.

---

665 **sound** [sáund 사운드]

명 소리

What's that sound?
저게 무슨 소리예요?

Let's drink something? - That's sound good.
뭐 좀 마실까? – 그거 좋은 소리네.

---

666 **sour** [sáuər 사우어]

형 (맛이) 신, 상한

Lemons are sour.
레몬은 맛이 신 과일이다.

Be careful not to eat sour food in hot summer.
더운 여름에는 상한 음식을 먹지 않도록 조심하세요.

---

667 **south** [sáuθ 사우쓰]

명 남쪽, 남부 형 남쪽의

It's warm in the south.
남쪽은 따뜻해요.

When do birds fly south?
새들은 언제 남쪽으로 날아가나요?

S

668 # space [spéis 스페이스]

명 공간, 우주, 사이

Can we walk in space in the future?
미래에는 우리가 우주에서 걸을 수 있을까요?

I'm looking for a parking space.
나는 주차할 공간을 찾고 있어요.

669 # speak [spíːk 스피이크]

동 이야기하다, 말하다

Can you speak English?
영어로 말할 수 있어요?

Can I speak to Mary?
메리와 통화할 수 있을까요?

● 과거형 **spoke**[spóuk 스포우크] – 과거분사형 **spoken**[spóukən 스포우컨]

670 # speed [spíːd 스피이드]

명 속력, 속도

The speed of that car is too fast.
저 차의 속도는 너무 빠르다.

The ball's speed was 150 kilometers per hour.
그 볼의 속도는 시속 150킬로미터였다.

671 # spoon [spúːn 스푸-은]

명 숟가락, 스푼

a spoon of sugar
설탕 한 스푼

Koreans use spoons and chopsticks.
한국인은 숟가락과 젓가락을 사용합니다.

672 **stand** [stǽnd 스탠드]

동 서다, 서 있다, 일어서다

She was standing at the door.
그녀는 문 앞에 서 있었어요.

Can you stand on one leg?
너는 한 발로 설 수 있어요?

● 과거형 **stood**[stúd 스투드] – 과거분사형 **stood**[stúd 스투드]

673 **start** [stάːrt 스타아트]

동 시작하다, 출발하다, 떠나다 명 출발

School starts at eight-thirty.
학교는 8시 30분에 시작합니다.

We'll make a start at seven.
우리는 7시에 출발할 것입니다.

674 **stay** [stéi 스테이]

동 계속 있다, 머물다

He has to stay at the hotel.
그는 호텔에서 머물러야 합니다.

I stayed at the hotel for three days.
나는 3일 동안 호텔에 머물렀어요.

675 **stone** [stóun 스토운]

명 돌, 석재 형 돌의, 돌로 만든

The bridge is made of stone.
그 다리는 돌로 만들어졌어요.

The house has a stone wall around.
그 집은 돌담으로 둘러 쌓여있어요.

676

stop [stá:p 스타-압]

图 **멈추다, 막다** 图 **멈춤, 중단, 정류장[소]**

You have to stop at the red light.
당신은 빨간 신호등에서 멈춰야 합니다.

Where is the bus stop?
버스정류장이 어디에 있나요?

677

store [stɔ́:r 스토-어]

图 **가게, 백화점**

This is a toy store.
여긴 인형가게입니다.

He buys books at the book store.
그는 서점에서 책을 삽니다.

678

story [stɔ́:ri 스토오리]

图 **이야기, 소설, 스토리**

We all know this story.
우리 모두 이 이야기를 알아요.

I will read you a bedtime story.
내가 잠잘 때 읽는 동화책 읽어줄게.

679

strawberry [strɔ́:bèri 스트로오베리]

图 **딸기**

My wife drinks strawberry juice every day.
제 아내는 매일 딸기 주스를 마셔요.

Where is the strawberry jam?
딸기쨈 어디에 있어요?

680 **street** [strí:t 스트리이트]

명 거리, 도로, -가

I saw her on the street.
나는 거리에서 그녀를 보았어요.

Is your house near the main street.
당신 집은 번화가 근처에 있나요?

---

681 **stress** [strés 스트레스]

명 압박, 강제, 스트레스

I have mental stress about exams.
난 시험에 대해 정신적인 스트레스를 받는다.

Stress causes disease.
스트레스는 질병을 일으킨다.

---

682 **strong** [strɔ́:ŋ 스트로옹]

형 강한, 튼튼한, 힘센

Andy is not very big, but he is strong.
앤디는 아주 크지는 않지만, 힘이 셉니다.

A strong wind was blowing.
강한 바람이 불고 있었어요.

● 반대말 **weak**[wí:k 위이크] 약한

683 **student** [stjúːdnt 스튜우든트]

명 학생

They are elementary school students.
그들은 초등학교 학생이에요.

Where do students go to learn?
학생들은 배우기 위해 어디에 가나요?

684 **study** [stʌ́di 스터디]

동 공부하다 명 공부, 학습

We study English at school.
우리는 학교에서 영어를 공부한다.

study skills
공부 기술

685 **subway** [sʌ́bwèi 서브웨이]

명 지하철

Where is the subway station?
지하철역이 어디예요?

I took the subway for City Hall.
시청행 지하철을 탔어요.

686 **sugar** [ʃúɡər 슈거]

명 설탕

Sugar candy is very sweet.
사탕은 매우 달콤해요.

I'd like a spoonful of sugar in my coffee.
커피에 설탕 한 스푼을 넣어 주세요.

687 # sun [sʌ́n 선]

명 태양

The sun is hot.
태양은 뜨거워요.

The sun rises in the east.
해는 동쪽에서 뜹니다.

688 # supper [sʌ́pər 서퍼]

명 저녁식사, 만찬

I have an appointment for supper at six.
6시에 저녁식사 약속이 있어요.

Would you like to have supper with me?
저녁식사 같이 할래요?

689 # swim [swím 스윔]

동 수영하다, 수영을 하다

She can swim fast.
그녀는 빠르게 수영할 수 있어요.

A fish likes to swim.
물고기는 수영하는 것을 좋아한다.

● 과거형 **swam**[swǽm 스웸] – 과거분사형 **swum**[swʌ́m 스윔]

A
B
C
D
E
F
G
H
I
J
K
L
M
N
O
P
Q
R
S
T
U
V
W
X
Y
Z

발음 듣기

[ti: 티-]

690 **table** [téibl 테이블]

명 탁자, 식탁

There is a chicken on the table.
식탁 위에 치킨이 있어요.

How many tables are there in your house?
당신의 집에는 탁자가 몇 개 있나요?

---

691 **tail** [téil 테일]

명 꼬리

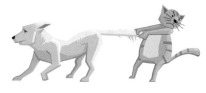

Don't pull the dog's tail.
개의 꼬리를 잡아당기지 마세요.

The shark's tail fin got hurt.
상어의 꼬리지느러미가 다쳤다.

---

692 **take** [téik 테이크]

동 가져가다, 데리고 가다, (얼마의 시간이) 걸리다

Take your umbrella with you.
우산을 가져가세요.

How long does it take to walk to the park?
공원까지 걸어가는데 얼마나 걸리나요?

● 과거형 **took**[túk 툭] - 과거분사형 **taken**[téikən 테이컨]

693 **talk** [tɔ́ːk 토오크]

통 **말하다, 이야기 하다, 논의하다**

Let's talk English.
영어로 이야기하자.

They like to talk on the phone.
그들은 전화 통화하기를 좋아해요.

694 **tall** [tɔ́ːl 토올]

형 **키가 큰, 높은**

My father is very tall.
우리 아빠는 키가 매우 커요.

I'm not taller than him.
나는 그보다 키가 크지 않아요.

695 **tape** [téip 테입]

명 **(녹음,녹화용)테이프, (접착용)테이프, 끈**

How much is this videotape?
이 비디오테이프는 얼마예요?

Let's use this blue tape.
이 청색 테이프를 쓰자.

T

696 **taste** [téist 테이스트]

통 **맛을 알다[느끼다], 맛이 ~하다** 명 **맛, 미각**

Orange juice tastes sour.
오렌지 주스는 신맛이 나요.

There was some taste of coffee in coke.
콜라에는 약간의 커피 맛이 있었어요.

697 teach [tíːtʃ 티이취]

图 가르치다, 가르쳐 주다, 훈련하다

My father teaches math in middle school.
아빠는 중학교에서 수학을 가르칩니다.

Could you teach me how to ride a bike?
자전거 타는 법을 가르쳐 주시겠어요?

- 과거형 **taught**[tɔːt 토오트] – 과거분사형 **taught**[tɔːt 토오트]

698 teen [tíːn 티인]

명 십대 형 십대의

As a teen, I had perfected myself in English.
십대일 때 나는 영어를 완전히 익혔다.

A girl group is an idol of teen boys.
걸 그룹은 10대 소년들의 우상이다.

699 telephone [téləfòun 텔러포운]

명 전화기, 전화

May I use your telephone?
전화 좀 써도 될까요?

700 tell [tél 텔]

图 말하다, 알리다, 알려 주다, 표현하다

She is telling him a story.
그녀는 그에게 이야기를 하고 있어요.

My father told me about his school days.
아빠는 내게 학창시절에 대해 알려 주셨어요.

- 과거형 **told**[tóuld 토울드] – 과거분사형 **told**[tóuld 토울드]

701 **test** [tést 테스트]

명 시험, 검사 **동** 시험하다

I had an English test today.
나는 오늘 영어 시험을 보았어요.

He's driving a test drive.
그는 시운전을 하고 있어요.

The teacher tests the students regularly.
선생님은 학생들을 정기적으로 테스트해요.

---

702 **textbook** [tékstbùk 텍스트북]

명 교과서, 교본

Open your English textbook.
영어 교과서를 펼치세요.

---

703 **than** [ðǽn 댄]

접 ~보다(도)

I'm taller than you.
나는 당신보다 더 커요.

There are more than 50 members in our club.
우리 클럽의 회원은 50명 이상입니다.

T

704 **thank** [θǽŋk 쌩크]

동 감사하다

Thank you for your consideration.
배려에 감사드려요.

Thank you so much for the birthday present.
생일선물 정말 고마워요.

705 # that [ðǽt 대트]

형 저, 이 **대** 저것, 저 사람

Can you see that bird?
저 새 보여요?

That's a nice bike.
저것은 멋진 자전거예요.

● 복수형 **those** [ðóuz 도우즈]

706 # the [ðə 더]

관 그, 저

Please open the window.
창문을 좀 열어주세요.

The bird sings.
그 새가 지저귀다.

★ 무엇을 가리키는지 확실히 알 수 있을 때는 '그'라고 해석하지 않는 것이 더 자연스러워요.

707 # there [ðér 데어]

부 그곳에, 저기에; ~이 있다(장소의 개념없이)

She's over there.
그녀는 저기에 있어요.

There is a department store near my house.
집 근처에 백화점이 있다.

● **There is/are ~**는 '~이 있다'는 뜻이에요.

708 **they** [ðéi 데이]

団 그들, 그것들

They are sisters.
그들은 자매예요.

- **their**[ðéər 데어] 그들의, **them**[ðém 뎀] 그들을

709 **thing** [θíŋ 씽]

형 (사물·생각 등 어떤) 것, 물건, 일

Children love sweet things.
아이들은 달콤한 것을 좋아해요.

What an interesting thing!
정말 재미있는 일이야!

710 **think** [θíŋk 씽크]

동 생각하다, ~일 것 같다

Do you think she'll win the game?
그녀가 게임에서 이길 거라고 생각하세요?

We use our brain to think.
우리는 생각하기위해 두뇌를 사용한다.

- 과거형 **thought**[θɔ́ːt 쏘오트] – 과거분사형 **thought**[θɔ́ːt 쏘오트]

711 **thirsty** [θə́ːrsti 써어스티]

형 목마른, 갈망하는

I'm thirsty.
나는 목이 말라요.

When do you feel thirsty?
너는 언제 목마름을 느껴요?

712 **this** [ðís 디스]

때 이것, 지금 **형** 이, 여기의, 지금의

Look at this.
이것 좀 봐요.

This is my father.
이분이 제 아버지예요.

This game is really exciting.
이 게임은 진짜 신나요.

★ 복수형 **these**[ðíːz 디이즈], 사진을 보여주거나 사람을 소개할 때도 쓸 수 있어요.

713 **tiger** [táigər 타이거]

명 호랑이

Tigers are the king of animals.
호랑이는 동물의 왕이에요.

714 **time** [táim 타임]

명 시간, 시, 동안, (몇) 번

It's time to study history.
역사를 공부할 시간이에요.

We practice table tennis three times a week.
우리는 일주일에 세 번 탁구를 연습해요.

715 **to** [tú 투]

전 ~으로, ~쪽에, ~에, ~에게, ~을 위하여

I went to the park.
나는 공원에 갔어요.

Give it to me.
그거 나에게 주세요.

716 **today** [tədéi 투데이]

명 오늘, 요즈음, 현재

Today is her birthday.
오늘은 그녀의 생일이에요.

It's hot today.
오늘 날씨가 더워요.

717 **together** [təgéðər 투게더]

부 함께, 같이

We went home together.
우리는 함께 집에 갔어요.

Do you play together with your friends?
너는 친구들과 함께 놀고 있니?

718 **tomorrow** [təmáːrou 투마-로우]

부 내일 명 내일

See you tomorrow.
내일 또 만나요.

Tomorrow is another day.
내일은 또 다른 날이에요.(오늘만 있는 것이 아니다.)

719 **tonight** [tənáit 투나이트]

명 오늘밤 부 오늘밤에(는)

We'll go to tonight's concert.
우리는 오늘 밤의 콘서트에 갈 것입니다.

Where shall we meet tonight?
오늘밤에 어디서 만날까요?

720 # too [tú: 투우]

🔗 너무 (~한), ~도 (또한), 매우

Don't run too fast.
너무 빨리 뛰지 마세요.

The baby is singing, too.
아기도 또한 노래하고 있어요.

---

721 # tooth [túːθ 투우쓰]

🔗 이, 치아

a front tooth 앞니

You have to brush your teeth every night.
당신은 매일 저녁 이를 닦아야 합니다.

- **teeth**[tíːθ 티이쓰]는 **tooth**의 복수형
  toothbrush[túːθbrʌʃ 투우쓰브러쉬] 칫솔

---

722 # top [táːp 타압]

🔗 맨 위, 꼭대기, 최고

The bird is on top.
새는 꼭대기에 있어요.

We went up to the top of a roof.
우리는 지붕 꼭대기까지 올라갔어요.

---

723 # touch [tʌʧ 터취]

🔗 만지다, 대다, 접촉하다 🔗 촉각

Don't touch the iron.
다리미를 만지지 마세요.

She feels a touch on her arm.
그녀는 그녀의 팔에 뭔가 닿는 느낌이 들었어요.

724 # **tour** [túər 투어]

명 관광, 투어, 여행

Do you have a city tour bus?
시내 관광버스 있어요?

I'm looking for a Chinese tour package.
나는 중국 패키지여행 상품을 찾고 있어요.

725 # **tower** [táuər 타우어]

명 탑, 망루

We went up to the Eiffel Tower.
우리는 에펠탑에 올라갔어요.

The bird is on the top of the bell tower.
그 새는 종탑 꼭대기에 있어요.

726 # **town** [táun 타운]

명 도시, 시내, 번화가

This is an old town.
여기는 구 도시입니다.

How long does it take to get town?
시내까지 가는데 얼마나 걸리나요?

727 # **toy** [tɔ́i 토이]

명 장난감

The baby was playing with the toys.
아기는 장난감을 가지고 놀고 있었어요.

He has many kinds of toys.
그는 많은 종류의 장난감을 가지고 있어요.

728 train [tréin 트레인]

명 기차 **동** 교육시키다, 훈련받다

I got on the train at Seoul Station.
나는 서울역에서 기차를 탔어요.

A coach trains his players.
코치는 선수들을 훈련시킵니다.

729 travel [trǽvəl 트래벌]

동 여행하다 **명** 여행, 출장

I like to travel by train.
나는 기차로 여행하는 것을 좋아합니다.

How much is this travel bag?
이 여행 가방은 얼마입니까?

730 tree [trí: 트리이]

명 나무

There are a lot of apple trees on this farm.
이 농장에는 사과나무가 많이 있어요.

My house is near a big tree.
우리집은 큰 나무 근처에 있어요.

731 **triangle** [tráiæŋgl 트라이앵글]

명 **삼각형, (음악)트라이앵글**

A triangle has three sides.
삼각형에는 세 개의 변이 있습니다.

I played the triangle in music class.
나는 음악시간에 트라이앵글을 연주했어요.

732 **trip** [tríp 트립]

명 **여행, 항해**

Have a nice trip.
즐거운 여행 되세요.

Would you like to go on a trip?
여행 갔다 올래요?

733 **true** [trú: 트루우]

형 **사실의, 참된, 진짜의**

It's all true, but I can't believe it.
모두 사실이지만 믿을 수가 없어요.

Her necklace is true gold.
그녀의 목걸이는 진짜 금이에요.

734 **try** [trái 트라이]

동 **시도하다, 노력하다**

He tries to climb.
그는 오르려고 노력해요.

He tried to open the window.
그는 창문을 열려고 했어요.

735 # turn [tə́ːrn 터어언]

图 돌다, 돌리다 图 순번

Turn at the corner.
모퉁이에서 도세요.

You have to turn the tap.
당신은 수도꼭지를 돌려야 해요.

Now, it's your turn.
자, 네 차례야.

736 # twice [twáis 트와이스]

图 두 번, 두 배로

I go to the swimming pool twice a week.
나는 일주일에 두 번 수영장을 가요.

She met him twice or thrice.
그녀는 그를 두세 번 만났다.

737 # type [táip 타입]

图 유형, 형, 타입

his blood type is O.
그의 혈액형은 O형이다.

This is a popular type of car.
이것은 인기 있는 유형의 자동차입니다.

[ju: 유-]

발음 듣기

---

738 **ugly** [ʌ́gli 어글리]

형 못생긴, 추한

The monster is so ugly.
그 괴물은 너무 못생겼어요.

There is an ugly house in the woods.
숲속에는 보기 흉한 집이 있어요.

---

739 **umbrella** [ʌmbrélə 엄브렐러]

명 우산

She has a yellow umbrella.
그녀는 노란 우산을 가지고 있어요.

It's raining. Take an umbrella.
비가 와요. 우산 챙겨가세요.

---

740 **uncle** [ʌ́ŋkl 엉클]

명 삼촌, 외삼촌, 숙부, 아저씨

My father and uncle are brothers.
아빠와 삼촌은 형제예요.

My father's brother is my uncle.
아빠의 형제는 삼촌이에요.

741 **under** [ʌ́ndər 언더]

전 ~의 아래에, (연령, 가격, 수량 등이) ~미만

The cat is under the chair.
고양이는 의자 밑에 있어요.

This book is for children under six.
이 책은 6세 미만의 어린이용입니다.

---

742 **understand** [ʌ̀ndərstǽnd 언더스탠드]

동 이해하다, 알아듣다

Do you understand? - Yes, I understand.
알았어요? – 예, 알았어요.

Can you understand Spanish?
당신은 스페인어 알아들을 수 있어요?

● 과거형 **understood**[ʌ̀ndərstúd 언더스투드]
과거분사형 **understood** [ʌ̀ndərstúd 언더스투드]

---

743 **up** [ʌ́p 업]

부 위에, 몸을 일으켜, 일어나

Stand up. 일어서세요.

My classroom is two floors up.
나의 교실은 2층 위에 있어요.

---

744 **use** [júːz 유우즈]

동 쓰다, 사용하다 **명** 사용, 이용, 용도

Can I use your crayon?
크레용 좀 써도 될까요?

The restroom is in use.
화장실이 사용 중이다.

V v

[vi: 비-]

발음 듣기

745 vegetable [védʒtəbl 베쥐터블]

명 야채, 채소

She likes vegetables.
그녀는 야채를 좋아해요.

What vegetables do you like?
어떤 야채를 좋아하나요?

746 very [véri 베리]

부 매우, 대단히, 몹시

It's very cold in there.
거기 안은 매우 추워요.

Those clothes are very tight.
그 옷들은 매우 꽉 끼어요.

747 **visit** [vízit 비지트]

동 방문하다 명 방문

She is going to visit her grandfather.
그녀는 할아버지를 방문할 예정이에요.

This is my first visit to Rome.
이번이 로마에 첫 방문입니다.

748 **voice** [vóis 보이스]

명 목소리, 음성, 소리

The heroine has a good voice.
여주인공은 목소리가 고와요.

He asked for help in a loud voice.
그는 큰 소리로 도움을 요청했어요.

[dʌ́blju(ː) 더블유-]

발음 듣기

A
B
C
D
E
F
G
H
I
J
K
L
M
N
O
P
Q
R
S
T
U
V
W
X
Y
Z

749 ## wait [wéit 웨이트]

동 **기다리다, 대기하다, 기대하다**

Please wait a minute.
잠시만 기다려 주세요.

We're waiting for a taxi.
우리는 택시를 기다리고 있어요.

750 ## wake [wéik 웨이크]

동 **깨다, 일깨우다**

Wake up, Sally! It's already eight.
일어나, 샐리! 벌써 8시야.

She is about to wake up.
그녀는 막 일어나려고 해요.

- 과거형 **woke**[wóuk 워우크] – 과거분사형 **woken**[wóukən 워우컨]

751 ## walk [wɔ́ːk 워어크]

동 **걷다, 산책하다** 명 **걷기, 산책**

I walk to a church.
나는 교회까지 걸어갑니다.

Let's go for a walk.
산책을 갑시다.

752 **wall** [wɔ́ːl 워얼]

명 벽, 담

There's a painting on the wall.
벽에 그림이 있다.

He's building a wall.
그는 담을 쌓고 있어요.

753 **want** [wɔ́ːnt 워언트]

동 원하다, 바라다, ~하고 싶어하다

I want another glass of milk.
나는 우유 한 잔을 더 원해요.

I want to be an actor.
나는 배우가 되고 싶습니다.

754 **war** [wɔ́ːr 워어]

명 전쟁, 대전

a nuclear war
핵전쟁

My grandfather served in the Vietnam War.
우리 할아버지는 베트남 전쟁에 참전하셨다.

755 **warm** [wɔ́ːrm 워엄]

형 따뜻한, 온난한, 다정한

It's warm today, isn't it?
오늘 날씨 따뜻해요, 안 그래요?

I'd like some warm tea.
따뜻한 차 좀 마시고 싶어요.

756 # wash [wɑ́ːʃ 와아쉬]

🔵 씻다, 세탁하다 🔵 씻기, 세탁

Wash Your hands before every meal.
매번 식사 전에 손을 씻으세요.

Your winter clothes are in the wash.
당신의 겨울옷은 세탁 중이에요.

757 # watch [wɑ́ːtʃ 와아취]

🔵 ~을 보다, 지켜보다, 조심하다 🔵 (손목) 시계, 감시

I like watching TV.
나는 TV보는 것을 좋아합니다.

My watch is 10 minutes fast.
내 시계는 10분이 빨라요.

758 # water [wɔ́ːtər 워어터]

🔵 물

She brought me a glass of warm water.
그녀는 나에게 따뜻한 물 한 잔을 가져다줬어요.

The pool is full of water.
수영장에 물이 가득 차 있어요.

759 # way [wéi 웨이]

🔵 길, 방법, 방식, 태도

Can you tell me the way to the taxi stop?
택시 정류장으로 가는 길을 알려 주시겠습니까?

What's the way to solve this problem?
이 문제를 해결하는 방법은 뭐예요?

760 # we [wíː 위이]

때 **우리**

We are a roommate.
우리는 룸메이트입니다.

We need to keep etiquette.
우리는 예절을 지켜야 합니다.

● **our**[áuər 아우어] 우리의, **us**[ʌ́s 어스] 우리를

---

761 # weak [wíːk 위이크]

형 **약한, 허약한**

Our team is weak.
우리팀은 약해요.

Basketball is my weak point.
농구는 나의 약점입니다.

● 반대말 **strong**[strɔ́ːŋ 스트로옹] 강한

---

762 # wear [wɛ́ər 웨어]

동 **입고[쓰고, 끼고, 신고, 착용하고] 있다** 명 **옷, ~복**

My sister is wearing a nice skirt.
내 여동생은 멋진 치마를 입고 있어요.

I wear sunglasses for driving.
나는 운전할 때 선글라스를 씁니다.

I'm looking around for children's wear.
나는 아동복을 둘러보고 있는 중이에요.

● 과거형 **wore**[wɔ́ːr 워어] – 과거분사형 **worn**[wɔ́ːrn 워언]

weather [wéðə*r* 웨더]

763

명 날씨, 일기, 기상

How's the weather today?
오늘 날씨 어때요?

wedding [wédiŋ 웨딩]

764

명 결혼, 결혼식

I'm attending a friend's wedding party.
나는 친구의 결혼 파티에 참석하고 있어요.

The wedding is the most important event in life.
결혼식은 인생에서 가장 중요한 행사이다.

week [wíːk 위이크]

765

명 주, 일주일

I'm going to meet her next week.
나는 다음 주에 그녀를 만날 거예요.

Seven days make a week.
7일은 1주일이다.

weekend [wíːkènd 위이크엔드]

766

명 주말 형 주말의

We go on a picnic every weekend.
우리는 주말마다 소풍을 갑니다.

a weekend journey
주말 여행

767 # weight [wéit 웨이트]

명 체중, 무게

She's on a diet to lose weight.
그녀는 체중을 빼려고 다이어트 중입니다.

This baggage is about 6 kilograms in weight.
이 짐의 무게는 약 6킬로그램이다.

768 # welcome [wélkəm 웰컴]

동 환영하다 형 반가운, 환영받는

Welcome to your hometown.
고향 방문을 환영합니다.

Do you have any welcome news?
반가운 소식 있어요?

769 # well [wél 웰]

부 잘, 좋게, 아주, 상당히 형 건강한, (상태) 좋은

Did you sleep well last night?
지난밤에 잘 잤어요?

You'll get well soon.
당신은 곧 좋아질 겁니다.

770 # west [wést 웨스트]

명 서쪽 형 서쪽의, 서향의

The sun goes down in The west.
해는 서쪽으로 집니다.

The west coast is lower than the east coast.
서해안은 동해안 보다 낮다.

771 **wet** [wét 웨트]

혱 젖은, 비가 오는

This towel is wet.
이 타월은 젖었어요.

It's a wet day.
비가 오는 날이에요.

772 **what** [wá:t 와아트]

때 무엇, 어떤 것, 얼마 혱 무슨, 어떤, 몇, 정말

What is he doing?
그는 무엇을 하고 있어요?

- He is playing a guitar.
그는 기타를 치고 있어요.

What time is it? - It's seven forty.
몇 시예요? – 7시 40분이요.

What a genius he is!
그는 정말 천재야!

773 **when** [wén 웬]

븐 언제, ~한(때)

When is your mother's birthday?
당신 엄마의 생일이 언제예요?

- It's on December 3rd.
12월 3일이요.

This is a picture when I was young.
이건 내가 어렸을 때 사진입니다.

★ **3rd**는 **third**[θə́:rd 써어드]라고 읽어요.

774 **where** [wér 웨어]

🔹 어디에, ~한 곳 🔹 어디

Where do you live? - I live in Seoul.
어디에 살아요?– 서울에 살아요

Where are you from? - I'm from Korea.
어디에서 왔어요? – 한국에서 왔어요.

775 **white** [wáit 와이트]

🔹 흰, 하얀 🔹 흰색

She wore a white dress.
그녀는 하얀색 드레스를 입었다.

The house is painted in white.
그 집은 흰색으로 페인트칠 되어 있어요.

776 **who** [hú: 후우]

🔹 누구, 누가

Who is that boy? - That's Jack.
저 소년은 누구예요? – 잭이에요.

Who wants to play baseball?
누구 야구할 사람 있어요?

● **whose**[hú:z 후우즈] 누구의, **whom**[hú:m 훔] 누구를

777 **why** [wái 와이]

🔹 왜, 어째서, 무엇

Why is the baby crying?
아기가 왜 울고 있어요?

Do you know why?
왜인지 알아요?

778 # **wife** [wáif 와이프]

명 아내, 처, 부인

My wife is Korean.
제 아내는 한국인입니다.

779 # **will** [wíl 윌]

조 ~일[할] 것이다

He will be here soon.
그는 여기에 곧 올 거예요.

Will you pass me the salt, please.
소금 좀 건네주시겠습니까?

● **Will you ~?**는 ~을 해달라고 부탁할 때 사용해요.

780 # **win** [wín 윈]

동 이기다, 차지하다, 타다

I won the game.
나는 그 게임에서 이겼어요.

Who won the first prize?
누가 1등 상을 탔어요?

● 과거형 **won**[wʌ́n 원] – 과거분사형 **won**[wʌ́n 원]

781 # **wind** [wínd 윈드]

명 바람, 큰 바람

The wind is blowing hard.
바람이 세차게 불고 있어요.

A wooden bridge shakes in the wind.
나무다리가 바람에 흔들리다.

● 형 **windy**[wíndi 윈디] 바람이 부는

782 **window** [wíndou 윈도우]

명 창문, 창

I can see the tree out of the window.
창문 밖으로 나무가 보입니다.

Could you open the window, please?
창문 좀 열어 주시겠습니까?

783 **wish** [wíʃ 위쉬]

통 원하다, ~이기를 기원하다 명 소원, 기원

She wishes to have a computer.
그녀는 컴퓨터를 갖고 싶어해요.

My wish came true.
나의 소원이 이루어졌어요.

784 **with** [wíð 위드]

전 ~와 함께, ~을 가지고

I played table tennis with my friends.
나는 친구들과 탁구를 쳤어요.

He's playing with the ball.
그는 공을 가지고 놀고 있어요.

785 **woman** [wúmən 우먼]

명 여자, 여성

The woman with short hair is my girlfriend.
짧은 머리를 한 여자가 내 여자 친구입니다.

The woman who is cooking is my mother.
음식을 하고 있는 여자는 나의 엄마예요.

- 복수형 **women**[wímin 위민]

786 # wood [wúd 우드]

명 나무, 숲

Our table is made of wood.
우리 테이블은 나무로 만들어졌다.

I got lost in the woods.
나는 숲 속에서 길을 잃었어요.

---

787 # word [wɔ́ːrd 워어드]

명 낱말, 말

Don't say a word.
한 마디도 하지 마세요.

What does this word mean?
이 단어의 의미는 뭐예요?

---

788 # work [wɔ́ːrk 워어크]

명 일, 직장, 업무 동 일하다, 작업하다

I have a lot of work to do today.
나는 오늘 해야 할 일이 많이 있어요.

My father works at City Hall.
아빠는 시청에서 일해요.

---

789 # world [wɔ́ːrld 워얼드]

명 세계, 세상

The world is beautiful.
세상은 아름다워요.

Mt. Everest is the highest mountain in the world.
에베레스트산은 세계에서 가장 높은 산이에요.

A B C D E F G H I J K L M N O P Q R S T U V **W** X Y Z

790 # **worry** [wə́ːri 워어리]

图 걱정하다

Don't worry.
걱정 마세요.

There is nothing to worry about now.
이제는 하나도 걱정할 것 없어요.

---

791 # **write** [ráit 라이트]

图 쓰다, 저술을 하다

The baby is trying to write with a pencil.
그 아기는 연필로 글을 쓰려고 하고 있다.

Language consists of reading, writing and speaking.
언어는 읽기, 쓰기, 말하기로 구성됩니다.

● 과거형 **wrote**[róut 로우트] – 과거분사형 **written**[rítn 리튼]

---

792 # **wrong** [rɔ́ːŋ 로옹]

图 틀린, 잘못된, 반대로의

Your answer is wrong.
당신의 답은 틀렸어요.

Find the wrong picture!
틀린 그림을 찾으세요!

[wai 와이]

발음 듣기

793 # year [jíər 이어]

명 해, 1년

I graduated from school last year.
나는 지난해에 학교를 졸업했어요.

How many months are there in a year?
일 년은 몇 개월이에요?

I was born in (the year) 2010.
나는 2010년에 태어났어요.

★ 2010은 twenty-ten[twénti-tén 트웬티 텐]이라고 읽어요.

794 # yellow [jélou 옐로우]

명 노란색 형 노란색의

The chick on my hand is yellow.
내 손에 있는 병아리는 노란색이에요.

The leaves are turning yellow and red.
나뭇잎들이 노랗고 빨갛게 변하고 있어요.

795 # yes [jés 예스]

부 네(대답), 그렇습니다, 맞아

Can you play the flute? - Yes, I can.
플루트 연주할 수 있어요? - 네, 할 수 있어요.

Is that yellow? - Yes, it is.
그거 노란색이에요? - 네, 그렇습니다.

a
b
c
d
e
f
g
h
i
j
k
l
m
n
o
p
q
r
s
t
u
v
w
x
y
z

796 # yesterday [jéstərdèi 예스터데이]

부 어제 **명** 어제

I had a car accident yesterday.
나는 어제 교통사고를 당했어요.

Yesterday was my birthday.
어제는 내 생일이었어요.

797 # you [jú: 유우]

대 너, 당신, 너희들

Are you hungry?
당신 배고프세요?

You need to love yourself.
당신은 스스로를 사랑해야 합니다.

● **your**[júər **유어**] 너의, **you**[jú: **유우**] 너를

798 # young [jʌ́ŋ 영]

형 젊은, 어린

Our history teacher is young.
우리 역사 선생님은 젊으세요.

He was a soccer player when he was young.
그는 젊었을 때 축구 선수였어요.

● 반대말 **old**[óuld **오울드**] 나이든

[zi: 지-]

발음 듣기

799 **zebra** [zíːbrə 지이브러]

명 얼룩말

You can not have a pet zebra.
얼룩말을 애완동물로 키울 수는 없어요.

Zebras have stripes.
얼룩말은 줄무늬가 있어요.

800 **zoo** [zúː 주우]

명 동물원

I can see many animals at the zoo.
나는 동물원에서 많은 동물들을 볼 수 있어요.

I went to the zoo on the weekend.
나는 주말에 동물원에 갔어요.

Part 2

주제별 영단어
익히기

과일 Fruits

I like bananas. 나는 바나나를 좋아해요.

I don't like melons. 나는 멜론을 좋아하지 않아요.

① ② ③ ④ ⑤ ⑥ ⑦ ⑧ ⑨ ⑩ ⑪

1 **apple** [애플] **사과**

2 **banana** [버내너] **바나나**

3 **cherry** [체리] **체리**

4 **grapefruit** [그레이프프루우트] **자몽**

5 **grape** [그레이프] **포도**

6 **kiwi fruit** [키이위 프루우트] **키위**

7 **lemon** [레먼] **레몬**

8 **mango** [맹고우] **망고**

9 **melon** [멜런] **멜론**

10 **orange** [오-린쥐] **오렌지**

11 **peach** [피이취] **복숭아**

12 **pear** [페어] **배**

13 **persimmon** [퍼어시먼] **감**

14 **tangerine** [탠저리인] **귤**

15 **pineapple** [파인애펄] **파인애플**

16 **strawberry** [스트로오베리] **딸기**

17 **watermelon** [워터멜런] **수박**

18 **coconut** [코우커너트] **야자**

채소 Vegetables

 Do you like broccoli? 너 브로콜리 좋아해?

 No, I don't. 아니, 안 좋아해.

① ② ③ ④ ⑤ ⑥ ⑦ ⑧ ⑨ ⑩ ⑪

1 **broccoli** [브라컬리] **브로콜리**

2 **cabbage** [캐비쥐] **양배추**

3 **carrot** [캐러트] **당근**

4 **corn** [코언] **옥수수**

5 **cucumber** [큐우컴버] **오이**

6 **eggplant** [에그플랜트] **가지**

7 **garlic** [가알릭] **마늘**

8 **mushroom** [머쉬루움] **버섯**

9 **beet** [비이트] **비트**

10 **pumpkin** [펌킨] **호박**

11 **radish** [래디쉬] **무**

12 **onion** [어니언] **양파**

13 **tomato** [터메이토우] **토마토**

14 **paprika** [패프리이커] **파프리카**

15 **turnip** [터어닙] **순무**

16 **potato** [퍼테이토우] **감자**

17 **zucchini** [쥬우키이니] **애호박**

18 **asparagus** [어스패러거스] **아스파라거스**

19 **green pepper** [그리인 페퍼] **풋고추**

발음 듣기

후식 Desserts

Pie, please. 파이 주세요.

Here you are. 여기 있어요.

1 **cake** [케이크] 케이크

2 **candy** [캔디] 사탕

3 **chocolate** [초오컬러트] 초콜렛

4 **cookies** [쿠키즈] 쿠키

5 **cream puff** [크리임 퍼프] 슈크림

6 **cupcake** [컵케이크] 컵케이크

7 **donut** [도우너트] 도넛

8 **gum** [검] 껌

9 **ice cream** [아이스 크리임] 아이스크림

10 **jelly** [젤리] 젤리

11 **pie** [파이] 파이

12 **popcorn** [팝코언] 팝콘

13 **potato chips** [퍼테이토우 칩스] 감자칩

14 **shaved ice** [쉐이브드 아이스] 아이스빙수

15 **pudding** [푸딩] 푸딩

16 **plate** [플레이트] 접시

17 **cup** [컵] 컵

18 **glass** [글래스] 잔

19 **spoon** [스푸-은] 숟가락

20 **fork** [포-어크] 포크

21 **knife** [나이프] 칼

22 **chopsticks** [챱스틱스] 젓가락

발음 듣기

식사 1 Meals

What do you have for lunch? 점심으로 뭐 먹어요?

I have a sandwich and milk. 나는 샌드위치와 우유를 먹어요.

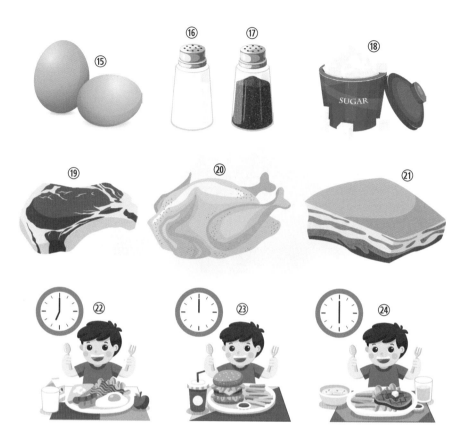

1 **bread** [브레드] 빵

2 **toast** [토우스트] **토스트**

3 **cheese** [치이즈] **치즈**

4 **cereal** [시리얼] **시리얼**

5 **sandwich** [샌드위취] **샌드위치**

6 **ham** [햄] **햄**

7 **sausage** [소오시쥐] **소시지**

8 **yogurt** [요우커트] **요구르트**

9 **butter** [버터] **버터**

10 **honey** [허니] **꿀**

11 **jam** [잼] **쨈**

12 **ketchup** [케첩] **케첩**

13 **rice** [라이스] **밥**

14 **grilled fish** [그릴드 피쉬] **생선구이**

15 **egg** [에그] **달걀**

16 **salt** [소올트] **소금**

17 **pepper** [페퍼] **후추**

18 **sugar** [슈거] **설탕**

19 **beef** [비이프] **소고기**

20 **chicken** [치킨] **닭고기**

21 **pork** [포-어크] **돼지고기**

22 **breakfast** [브렉퍼스트] **아침**

23 **lunch** [런취] **점심**

24 **dinner** [디너] **저녁**

식사 2 Meals

🧑 **What would you like?** 뭐로 하시겠어요?

👧 **Orange juice, please.** 오렌지 주스 주세요.

발음 듣기

1 **curry and rice**
[커리 앤 라이스] **카레라이스**

2 **French fries**
[프랜취 프라이즈] **감자튀김**

3 **hamburger** [햄버어거] **햄버거**

4 **hot dog** [핫 도오그] **핫도그**

5 **noodles** [누우들즈] **국수**

6 **omelet** [아멀리트] **오믈렛**

7 **pizza** [피이처] **피자**

8 **rice ball** [라이스 보올] **주먹밥**

9 **salad** [샐러드] **샐러드**

10 **soup** [수웁] **수프**

11 **spaghetti** [스퍼게티] **스파게티**

12 **sushi** [수우쉬] **스시**

13 **beef stew**
[비이프 스튜우] **소고기 스튜**

14 **beefsteak**
[비이프스테이크] **비프스테이크**

15 **hamburger steak**
[햄버어거 스테이크] **햄버거 스테이크**

16 **green tea** [그리인 티이] **녹차**

17 **oolong tea** [우울로옹 티이] **우롱차**

18 **cola** [코올러] **콜라**

19 **milk** [밀크] **우유**

20 **orange juice**
[오-린쥐 주우스] **오렌지 주스**

21 **(mineral) water**
[미너럴 워터] **생수**

발음 듣기

동물 1 Animals

Do you have any pets? 애완동물 기르세요?

Yes. I have a cat. 네, 고양이 있어요.

1 **cat** [캐트] 고양이

2 **kitten** [키튼] 새끼고양이

3 **dog** [도오그] 개

4 **puppy** [퍼피] 새끼강아지

5 **fish** [피쉬] 물고기

6 **goldfish** [고올드피쉬] 금붕어

7 **hamster** [햄스터] 햄스터

8 **iguana** [이그와너] 이구아나

9 **monkey** [멍키] 원숭이

10 **mouse** [마우스] 쥐

11 **bird** [버어드] 새

12 **owl** [아울] 올빼미

13 **parrot** [패러트] 앵무새

14 **snake** [스네이크] 뱀

15 **rabbit** [래비트] 토끼

16 **squirrel** [스크워어럴] 다람쥐

17 **turtle** [터어틀] 거북이

18 **meerkat** [미어캐트] 미어캣

동물 2 Animals

발음 듣기

What animals do you like? 어떤 동물을 좋아해요?

I like tigers. 호랑이 좋아해요.

250

1 **alligator** [앨리게이터] **악어**

2 **bear** [베어] **곰**

3 **elephant** [엘러펀트] **코끼리**

4 **giraffe** [저래퓌] **기린**

5 **koala** [코우아알러] **코알라**

6 **gorilla** [거릴러] **고릴라**

7 **hippo** [히포우] **하마**

8 **tiger** [타이거] **호랑이**

9 **kangaroo** [캥거루우] **캥거루**

10 **lion** [라이언] **사자**

11 **zebra** [지이브러] **얼룩말**

12 **panda** [팬더] **팬더**

13 **wolf** [울프] **늑대**

14 **polar bear** [포울러 베어] **북극곰**

15 **reindeer** [레인디어] **순록**

16 **penguin** [팽귄] **팽귄**

17 **seal** [시일] **물개**

18 **dolphin** [달핀] **돌고래**

19 **octopus** [악터퍼스] **문어**

20 **shrimp** [쉬림프] **새우**

21 **squid** [스퀴드] **오징어**

22 **starfish** [스타피쉬] **불가사리**

23 **whale** [웨일] **고래**

24 **shark** [샤아크] **상어**

동물 3 Animals

Do you like pigs? 돼지 좋아해요?

Yes, I do. 네, 좋아해요.

1 **chick** [치크] 병아리

2 **hen** [헨] 암탉

3 **rooster** [루우스터] 수탉

4 **turkey** [터어키] 칠면조

5 **duck** [덕] 오리

6 **goose** [구우스] 거위

7 **goat** [고우트] 염소

8 **ox** [악스] 황소

9 **cow** [카우] 암소

10 **horse** [호어스] 말

11 **wild boar** [와일드 보어] 멧돼지

12 **pony** [포우니] 조랑말

13 **sheep** [쉬입] 양

14 **lamb** [램] 새끼 양

15 **pig** [피그] 돼지

16 **frog** [프로오그] 개구리

17 **tadpole** [태드포울] 올챙이

곤충과 새 Insects and Birds

😀 **What's that?** 그거 뭐야?

😊 **It's a ladybug.** 무당벌레야.

1 **ant** [앤트] **개미**

2 **bee** [비이] **벌**

3 **beetle** [비이틀] **딱정벌레**

4 **butterfly** [버터플라이] **나비**

5 **caterpillar** [캐터필러] **애벌레**

6 **dragonfly** [드래건플라이] **잠자리**

7 **grasshopper** [그래스하퍼] **메뚜기**

8 **ladybug** [레이디버그] **무당벌레**

9 **fly** [플라이] **파리**

10 **snail** [스네일] **달팽이**

11 **spider** [스파이더] **거미**

12 **stag beetle** [스태그 비이틀] **사슴벌레**

13 **mosquito** [머스키이토우] **모기**

14 **earthworm** [어-쓰워엄] **지렁이**

15 **sparrow** [스패로우] **참새**

16 **swallow** [스왈로우] **제비**

17 **pigeon** [피전] **비둘기**

18 **crow** [크로우] **까마귀**

19 **seagull** [시이걸] **갈매기**

20 **eagle** [이-글] **독수리**

21 **swan** [스완] **백조**

22 **ostrich** [오-스트리취] **타조**

23 **nest** [네스트] **둥지**

신체 The Body

Touch your eye. 눈을 만져보세요.

OK. 네.

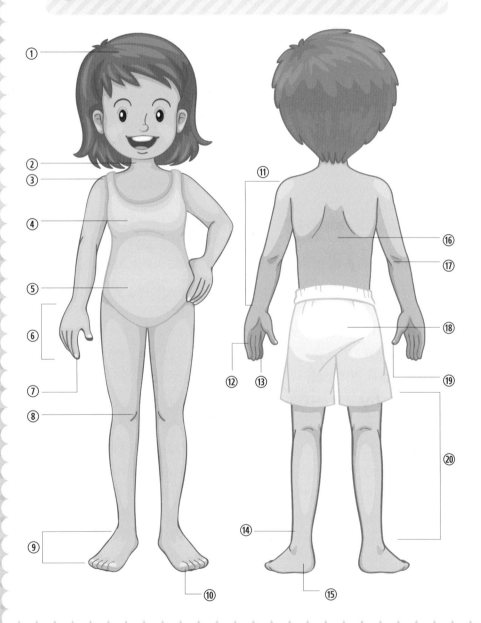

256

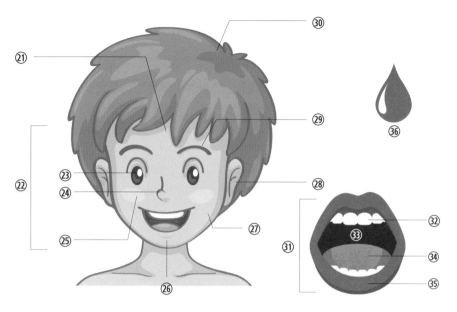

1 **head** [헤드] 머리	19 **thumb** [썸] 엄지
2 **neck** [네크] 목	20 **leg** [레그] 다리
3 **shoulder** [쇼울더] 어깨	21 **forehead** [포오헤드] 이마
4 **chest** [체스트] 가슴	22 **face** [페이스] 얼굴
5 **stomach** [스터먹] 배, 위	23 **eye** [아이] 눈
6 **hand** [핸드] 손	24 **nose** [노우즈] 코
7 **nail** [네일] 손톱	25 **cheek** [치크] 볼
8 **knee** [니이] 무릎	26 **chin** [치인] 턱
9 **foot / feet** [푸트/피이트] 발	27 **skin** [스킨] 피부
10 **toe** [토우] 발가락	28 **ear** [이어] 귀
11 **arm** [아암] 팔	29 **eyebrow** [아이브라우] 눈썹
12 **finger** [핑거] 손가락	30 **hair** [헤어] 머리카락
13 **palm** [파암] 손바닥	31 **mouth** [마우쓰] 입
14 **ankle** [앵클] 발목	32 **tooth / teeth** [투우쓰/티이쓰] 이(이빨)
15 **heel** [히일] 뒤꿈치	33 **throat** [쓰로우트] 목구멍
16 **back** [백] 등	34 **tongue** [텅] 혀
17 **elbow** [엘보우] 팔꿈치	35 **lip** [립] 입술
18 **hip** [히프] 엉덩이	36 **blood** [블러드] 피

의복 Clothing

What are you looking for? 찾는 게 있으세요?

I want a coat. 코트를 찾고 있어요.

① ② ③ ④ ⑤ ⑥ ⑦ ⑧ ⑨

1 **blouse** [블라우스] **블라우스**

2 **coat** [코우트] **코트(외투)**

3 **dress** [드레스] **드레스**

4 **jacket** [재키트] **재킷**

5 **jeans** [지인즈] **면바지, 바지**

6 **pants** [팬츠] **바지**

7 **shorts** [쇼어츠] **반바지**

8 **skirt** [스커어트] **치마**

9 **sweater** [스웨터] **스웨터**

10 **T-shirt** [티이셔어트] **티셔츠**

11 **sweatshirt**
[스웨트셔어트] **셔츠(추리닝상의)**

12 **pocket** [파키트] **주머니**

13 **swimsuit** [스윔수우트] **수영복**

14 **pajamas** [퍼자아머즈] **잠옷**

15 **vest** [베스트] **조끼**

16 **uniform** [유우너포엄] **유니폼**

액세서리 Accessories

Can I see that **watch?** 그 시계 좀 볼 수 있어요?

Sure. 물론이죠.

① ② ③ ④ ⑤ ⑥ ⑦ ⑧ ⑨ ⑩ ⑪

1 **backpack** [배크패크] **배낭**
2 **bag** [배그] **가방**
3 **belt** [벨트] **허리띠**
4 **cap** [캡] **(챙이 달린) 모자**
5 **hat** [해트] **모자**
6 **glasses** [글래시즈] **안경**
7 **gloves** [글러브즈] **장갑**
8 **mittens** [미튼즈] **벙어리장갑**
9 **necklace** [넥클리스] **목걸이**
10 **ring** [링] **반지**

11 **earring** [이어링] **귀고리**
12 **scarf** [스카아프] **스카프**
13 **socks** [삭스] **양말**
14 **tie** [타이] **넥타이**
15 **watch** [와취] **시계**
16 **umbrella** [엄브렐러] **우산**
17 **boots** [부우츠] **부츠**
18 **sandals** [샌들즈] **샌들**
19 **shoes** [슈우즈] **신발**

학용품 School Supplies

👦 **How much is this pen?** 이 펜 얼마야?

👧 **It's 500 won.** 500원이야.

1 **card** [카아드] **카드**

2 **colored pencil**
　[컬러드 펜설] **색연필**

3 **crayon** [크레이안] **크레용**

4 **cutter knife** [커터 나이프] **커터칼**

5 **eraser** [이레이서] **지우개**

6 **marker** [마아커] **매직펜**

7 **glue stick** [글루우 스틱] **딱풀**

8 **mechanical pencil**
　[머캐니컬 펜설] **샤프펜슬**

9 **ink** [잉크] **잉크**

10 **magnet** [매그니트] **자석**

11 **notebook** [노우트북] **노트, 공책**

12 **pencil** [펜설] **연필**

13 **pen** [펜] **펜**

14 **pencil case** [펜설 케이스] **필통**

15 **pencil sharpener**
　[펜설 샤아퍼너] **연필깎이**

16 **ruler** [루울러] **자**

17 **scissors** [시저즈] **가위**

18 **sticker** [스티커] **스티커**

19 **stapler** [스테이플러] **스테이플러**

20 **tape** [테입] **테이프**

색상과 모양 Colors and Shapes

What's your favorite color? 제일 좋아하는 색깔은 뭐야?

It's purple. 보라색이야.

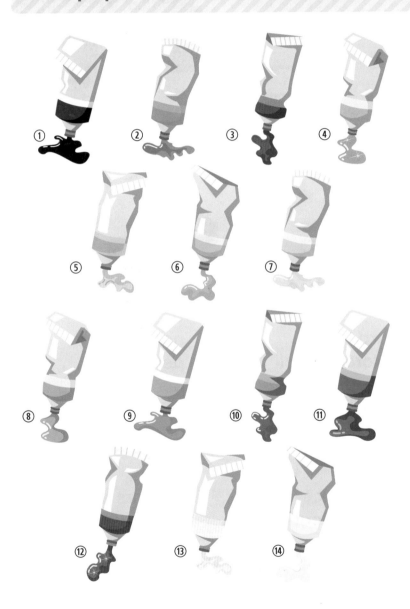

1 **black** [블랙] 검은색

2 **blue** [블루우] 파란색

3 **brown** [브라운] 갈색

4 **gold** [고울드] 금색

5 **gray** [그레이] 회색

6 **green** [그리인] 초록색

7 **light blue** [라이트 블루우] 하늘색

8 **orange** [오-린쥐] 오렌지색

9 **pink** [핑크] 분홍색

10 **purple** [퍼어플] 보라색

11 **red** [레드] 빨간색

12 **silver** [실버] 은색

13 **white** [와이트] 하얀색

14 **yellow** [옐로우] 노란색

15 **circle** [서어클] 원형

16 **cone** [코운] 원뿔형

17 **cross** [크로오스] 십자형

18 **diamond** [다이어먼드] 마름모형

19 **heart** [하아트] 하트모형

20 **rectangle** [렉탱클] 직사각형

21 **square** [스퀘어] 정사각형

22 **star** [스타아] 별모양

23 **triangle** [트라이앵글] 삼각형

집 House

발음 듣기

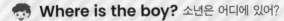

👦 **Where is the boy?** 소년은 어디에 있어?

👧 **He is in the garden.** 그는 정원에 있어.

① ② ③ ④ ⑤ ⑥ ⑦ ⑧ ⑨ ⑩ ⑪ ⑫ ⑬ ⑭ ⑮

1 **fence** [펜스] 울타리	11 **sofa** [소우퍼] 소파
2 **garbage** [가아비쥐] 쓰레기	12 **bathroom** [배쓰루움] 욕실
3 **garden** [가아든] 정원	13 **shower** [샤우어] 샤워기
4 **garage** [거라아쥐] 차고	14 **bathtub** [배쓰터브] 욕조
5 **living room** [리빙 루움] 거실	15 **front door** [프런트 도어] 현관문
6 **TV** [티이비이] 텔레비전	16 **chimney** [침니] 굴뚝
7 **vase** [베이스] 꽃병	17 **roof** [루우프] 지붕
8 **painting** [페인팅] 그림	18 **door** [도어] 문
9 **light** [라이트] (전)등	19 **bedroom** [베드루움] 침실
10 **table** [테이블] 테이블	20 **ceiling** [시일링] 천장

21 **wall** [워얼] 벽

22 **air conditioner** [에어 컨디셔너] 에어컨

23 **closet** [클라지트] 벽장

24 **bed** [베드] 침대

25 **window** [윈도우] 창문

26 **curtain** [커어튼] 커튼

27 **radio** [레이디오] 라디오

28 **dining room** [다이닝 루움] 식당

29 **kitchen** [키취인] 부엌

30 **refrigerator** [리프리저레이터] 냉장고

31 **microwave oven** [마이크로웨이브 어번] 전자렌지

32 **sink** [싱크] 개수대

33 **floor** [플로어] 바닥

34 **washing machine** [와싱 머쉬인] 세탁기

학교 School

Where is the chalk? 분필이 어디에 있어?

Here it is. 여기 있어.

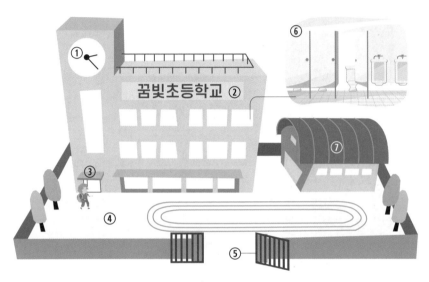

1 **clock** [클라크] **시계**

2 **elementary school**
[엘러멘터리 스쿠울] **초등학교**

3 **entrance** [엔트런스] **입구**

4 **playground/schoolyard**
[플레이그라운드/ 스쿠울야아드] **운동장**

5 **school gate**
[스쿠울 게이트] **교문**

6 **restroom** [레스트루움] **화장실**

7 **gym** [짐] **체육관**

8 **classroom** [클래스루움] **교실**

9 **book** [북] **책**

10 **blackboard** [블랙보어드] **칠판**

11 **chalk** [쵸오크] **분필**

12 **teacher** [티이처] **선생님**

13 **chair** [체어] **의자**

14 **computer** [컴퓨우터] **컴퓨터**

15 **textbook** [텍스트북] **교과서**

16 **desk** [데스크] **책상**

17 **student** [스튜우든트] **학생**

18 **library** [라이브레리] **도서관**

19 **nurse's office**
[너어시즈 오피스] **양호실**

20 **principal's office**
[프린서펄즈 오피스] **교장실**

21 **(swimming) pool**
[스위밍 푸울] **수영장**

22 **lunchroom** [런취루움] **구내식당**

23 **teacher's room**
[티처스 루움] **교무실**

24 **preschool** [프리이스쿠울] **유치원**

과목과 요일 Subjects and Day of the week

What do you have on Fridays? 금요일에 뭐 있어?

I have social studies. 사회가 있어.

② 월	영어	가정	음악	체육	과학	
③ 화	수학	국어	가정	영어		
④ 수	사회	과학	도덕	국어	미술	
⑤ 목	가정	미술	국어	영어		
⑥ 금	도덕	수학	국어	사회	음악	
⑦ 토						
⑧ 일						

① ⑨

⑩ ⑪ ⑫

⑬ ⑭ ⑮

⑯ ⑰ ⑱

발음 듣기

SCHOOL TIMETABLE

⑲

⑳

㉑

㉒

㉓

㉔

1 **week** [위이크] **일주일**

2 **Monday** [먼데이] **월요일**

3 **Tuesday** [튜우즈데이] **화요일**

4 **Wednesday** [웬즈데이] **수요일**

5 **Thursday** [써어즈데이] **목요일**

6 **Friday** [프라이데이] **금요일**

7 **Saturday** [새터데이] **토요일**

8 **Sunday** [선데이] **일요일**

9 **weekend** [위이크엔드] **주말**

10 **arts and crafts**
[아아트스 앤 크래프스] **공예**

11 **calligraphy**
[컬리그러피] **캘리그래피, 서예**

12 **English** [잉글리쉬] **영어**

13 **home economics**
[호움 에커나믹스] **가정**

14 **math** [매쓰] **수학**

15 **moral education**
[모오럴 에쥬케이션] **도덕**

16 **music** [뮤우직] **음악**

17 **P.E.** [피이] **체육**(구어)

18 **science** [사이언스] **과학**

19 **social studies**
[소우셜 스터디스] **사회**

20 **arts and crafts room**
[아아트스 앤 크래프스 루움] **미술실**

21 **computer room**
[컴퓨터 루움] **컴퓨터실**

22 **cooking room**
[쿠킹 루움] **요리실**

23 **music room**
[뮤우직 루움] **음악실**

24 **science room**
[사이언스 루움] **과학실**

발음 듣기

나의 하루 My Day

I **get up** at **seven.** 나는 7시에 일어나.

Me, too. 나도.

1 **get up / wake up**
[겟 업/ 웨이크 업] 일어나다

2 **wash my face**
[와어쉬 마이 페이스] 세수를 하다

3 **brush my teeth**
[브러쉬 마이 티이쓰] 양치를 하다

4 **walk my dog**
[워어크 마이 도오그] 개와 산책하다

5 **eat breakfast**
[이-트 브렉퍼스트] 아침을 먹다

6 **go to school**
[고우 투 스쿠울] 학교를 가다

7 **study at school**
[스터디 엣 스쿠울] 학교에서 공부하다

8 **eat lunch**
[이-트 런취] 점심을 먹다

9 **go home** [고우 호움] 집에 가다

10 **do my homework**
[두우 마이 호움워크] 숙제를 하다

11 **play with my friends**
[플레이 위드 마이 프렌즈] 친구와 놀다

12 **take a bath**
[테이크 어 배쓰] 목욕을 하다

13 **eat dinner**
[이-트 디너] 저녁을 먹다

14 **wash the dishes**
[와아쉬 더 디쉬즈] 접시를 닦다

15 **watch TV**
[와취 티브이] 텔레비전을 보다

16 **clean my room**
[클리인 마이 루움] 방을 청소하다

17 **take out the garbage**
[테이크 아웃 더 가아비쥐] 쓰레기통을 비우다

18 **write in my diary**
[라이트 인 마이 다이어리] 일기를 쓰다

19 **go to bed**
[고우 투 베드] 잠자리에 들다

운동 Sports

What sports do you play? 무슨 운동을 해?

I play basketball. 농구를 해.

1 **badminton** [배드민튼] 배드민턴
2 **baseball** [베이스보올] 야구
3 **bat** [배트] 배트, 방망이
4 **glove** [글러브] 글러브, 장갑
5 **basketball** [배스킷보올] 농구
6 **judo** [쥬우도우] 유도
7 **Taekwondo** [타이콴도우] 태권도
8 **marathon** [매러탄] 마라톤
9 **rugby** [러그비] 럭비
10 **skating** [스케이팅] 스케이팅
11 **skiing** [스키잉] 스키(타기)
12 **soccer / football**
[사커/풋보올] 축구
13 **ball** [보올] 공

14 **swimming** [스위밍] 수영
15 **table tennis** [테이블 테니스] 탁구
16 **tennis** [테니스] 테니스
17 **racket** [래키트] 라켓
18 **volleyball** [발리보올] 배구
19 **archery** [아아취어리] 양궁
20 **canoeing** [커누우잉] 카누타기
21 **cycling** [사이클링] 자전거타기
22 **gymnastics** [짐내스틱스] 기계체조
23 **sailing** [세일링] 요트타기
24 **surfing** [서어핑] 서핑, 파도타기
25 **weightlifting** [웨잇리프팅] 역도
26 **wrestling** [레슬링] 레슬링

도시에서 In the City

> 👦 **Where is the church?** 교회가 어디에 있어?
>
> 👧 **Go straight and turn right.** 곧장 가서 오른쪽으로 돌면 돼.

1 **station** [스테이션] 역

2 **aquarium** [어쿼어리엄] 수족관

3 **zoo** [주우] 동물원

4 **left** [레프트] 왼쪽

5 **straight**
[스트레이트] 똑바로(일직선으로)

6 **right** [라이트] 오른쪽

7 **stadium**
[스테이디엄] 스타디움, 경기장

8 **amusement park**
[어뮤우즈먼트 파아크] 놀이동산

9 **gas station**
[개스 스테이션] 주유소

10 **bridge** [브리쥐] 다리

11 **flower shop** [플라워 샵] 꽃가게

12 **supermarket**
[수퍼마키트] 슈퍼마켓

13 **bus stop**
[버스 스타압] 버스정류장

14 **police station**
[펄리이스 스테이션] 경찰서

15 **hotel** [호우텔] 호텔

16 **fire station**
[파이어 스테이션] 소방서

17 **bank** [뱅크] 은행

18 **department store**
[디파아트먼트 스토어] 백화점

19 **theater** [씨이어터] 극장

20 **hospital** [하스피틀] 병원

21 **crosswalk** [크로스워크] 횡단보도

22 **traffic light**
[트래픽 라이트] 교통 신호등

23 **park** [파아크] 공원

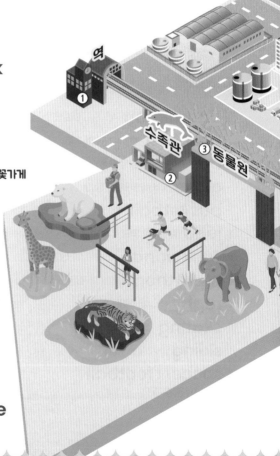

교통 Transportation

 How do you get there? 거기에 어떻게 갈거야?

 By bus. 버스로.

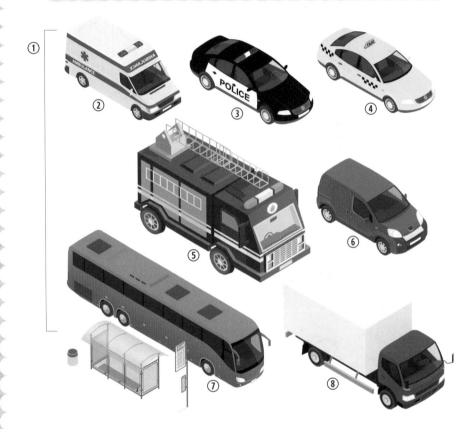

1 **car** [카아] **자동차**

2 **ambulance** [앰뷸런스] **구급차**

3 **police car** [펄리이스 카아] **경찰차**

4 **taxi** [택시] **택시**

5 **fire engine** [파이어 엔쥐인] **소방차**

6 **van** [밴] **승합차**

7 **bus** [버스] **버스**

8 **truck** [트러크] **트럭**

9 **UFO** [유우에프오우] **유에프오**

10 **rocket** [라키트] **로켓트**

11 **helicopter** [헬리캅터] **헬리콥터**

12 **plane** [플레인] **비행기**

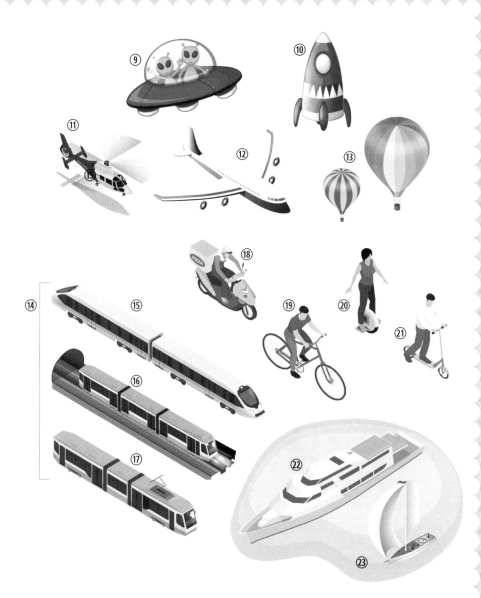

13 **hot-air balloon**
[핫-에어 벌룬] **열기구**

14 **train** [트레인] **기차**

15 **KTX** [케이티아이엑스] **고속열차**

16 **subway** [서브웨이] **지하철**

17 **tram** [트램] **전차**

18 **motorcycle** [모우터사이클] **오토바이**

19 **bike / bicycle** [바이크 / 바이시클] **자전거**

20 **unicycle** [유우니사이클] **외발자전거**

21 **scooter** [스쿠터] **스쿠터, 씽씽카**

22 **ship** [쉽] **배**

23 **boat** [보우트] **보트, 배**

월·날짜 Months, Dates

When is your birthday? 생일이 언제야?

My birthday is July 6th. 내 생일은 7월 6일이야.

① **1월**
일	월	화	수	목	금	토
			1	2	3	4
5	6	7	8	9	10	11
12	13	14	15	16	17	18
19	20	21	22	23	24	25
26	27	28	29	30	31	

2월
일	월	화	수	목	금	토
						1
2	3	4	5	6	7	8
9	10	11	12	13	14	15
16	17	18	19	20	21	22
23	24	25	26	27	28	29

3월
일	월	화	수	목	금	토
1	2	3	4	5	6	7
8	9	10	11	12	13	14
15	16	17	18	19	20	21
22	23	24	25	26	27	28
29	30	31				

4월
일	월	화	수	목	금	토
			1	2	3	4
5	6	7	8	9	10	11
12	13	14	15	16	17	18
19	20	21	22	23	24	25
26	27	28	29	30		

5월
일	월	화	수	목	금	토
					1	2
3	4	5	6	7	8	9
10	11	12	13	14	15	16
17	18	19	20	21	22	23
24	25	26	27	28	29	30
31						

6월
일	월	화	수	목	금	토
	1	2	3	4	5	6
7	8	9	10	11	12	13
14	15	16	17	18	19	20
21	22	23	24	25	26	27
28	29	30				

7월
일	월	화	수	목	금	토
			1	2	3	4
5	6	7	8	9	10	11
12	13	14	15	16	17	18
19	20	21	22	23	24	25
26	27	28	29	30	31	

8월
일	월	화	수	목	금	토
						1
2	3	4	5	6	7	8
9	10	11	12	13	14	15
16	17	18	19	20	21	22
23	24	25	26	27	28	29
30	31					

9월
일	월	화	수	목	금	토
		1	2	3	4	5
6	7	8	9	10	11	12
13	14	15	16	17	18	19
20	21	22	23	24	25	26
27	28	29	30			

10월
일	월	화	수	목	금	토
				1	2	3
4	5	6	7	8	9	10
11	12	13	14	15	16	17
18	19	20	21	22	23	24
25	26	27	28	29	30	31

11월
일	월	화	수	목	금	토
1	2	3	4	5	6	7
8	9	10	11	12	13	14
15	16	17	18	19	20	21
22	23	24	25	26	27	28
29	30					

12월
일	월	화	수	목	금	토
		1	2	3	4	5
6	7	8	9	10	11	12
13	14	15	16	17	18	19
20	21	22	23	24	25	26
27	28	29	30	31		

7월

일	월	화	수	목	금	토
	②	1	2	3	4
5	⑥	7	8	9	10	11
12	13	14	15	16	17	18
19	20	21	22	23	24	25
26	27	28	29	30	31	

1 **Months** [먼쓰] 월
January [쟤뉴에리] 1월
February [페브루에리] 2월
March [마아취] 3월
April [에이프럴] 4월
May [메이] 5월
June [쥬운] 6월
July [쥴라이] 7월
August [어거스트] 8월
September [셉템버] 9월
October [악토우버] 10월
November [노우벰버] 11월
December [디셈버] 12월

2 **Dates** [데잇스] 날짜
first [퍼어스트] 1일
second [세컨드] 2일
third [써어드] 3일
fourth [포어쓰] 4일
fifth [피프쓰] 5일
sixth [식스쓰] 6일
seventh [세번쓰] 7일
eighth [에이쓰] 8일

ninth [나인쓰] 9일
tenth [텐쓰] 10일
eleventh [일레번쓰] 11일
twelfth [트웰프쓰] 12일
thirteenth [써어티인쓰] 13일
fourteenth [포어티인쓰] 14일
fifteenth [피프티인쓰] 15일
sixteenth [식스티인쓰] 16일
seventeenth [세번티인쓰] 17일
eighteenth [에이티인쓰] 18일
nineteenth [나인티인쓰] 19일
twentieth [트웬티어쓰] 20일
twenty-first [트웬티 퍼어스트] 21일
twenty-second [트웬티 세컨드] 22일
twenty-third [트웬티 써어드] 23일
twenty-fourth [트웬티 포어쓰] 24일
twenty-fifth [트웬티 피프쓰] 25일
twenty-sixth [트웬티 식스쓰] 26일
twenty-seventh [트웬티 세번쓰] 27일
twenty-eighth [트웬티 에이쓰] 28일
twenty-ninth [트웬티 나인쓰] 29일
thirtieth [써어티어쓰] 30일
thirty-first [써어티 퍼어스트] 31일

발음 듣기

계절과 행사 Seasons and Events

In summer, we have camping. 여름에는, 우리는 캠핑을 해.

That's good. 그거 좋은데.

⑬  ⑭  ⑮

⑯  ⑰  ⑱

⑲  ⑳

1 **spring** [스프링] 봄

2 **summer** [서머] 여름

3 **fall / autumn** [포올/오-텀] 가을

4 **winter** [윈터] 겨울

5 **Easter** [이이스터] 부활절

6 **field trip** [피일드 트립] 현장 학습

7 **hiking** [하이킹] 도보여행

8 **fireworks** [파이어워어크스] 불꽃

9 **swimming meet**
[스위밍 미이트] 수영 대회

10 **camping** [캠핑] 캠핑

11 **drama festival**
[드라아머 페스터벌] 드라마 축제

12 **school trip** [스쿠울 트립] 수학 여행

13 **music festival**
[뮤우직 페스터벌] 음악 축제

14 **Christmas Eve**
[크리스머스 이이브] 크리스마스 이브

15 **winter vacation**
[윈터 베이케이션] 겨울 방학

16 **fishing** [피슁] 낚시

17 **graduation ceremony**
[그래쥬에이션 세러모우니] 졸업식

18 **sports festival**
[스포오츠 페스터벌] 스포츠 축제

19 **vacation / holiday**
[베이케이션 / 할러데이] 휴가, 방학

20 **volunteer day**
[발런티어 데이] 자원봉사 날

놀이와 악기 Fun and Musical Instruments

😀 **I like flying kites.** 나는 연날리기를 좋아해.

😀 **I like playing the violin.** 나는 바이올린 연주를 좋아해.

1 **kite** [카이트] **연**

2 **swing** [스윙] **그네**

3 **sandbox** [샌드박스] **모래 놀이통**

4 **clay** [클레이] **찰흙**

5 **doll** [달] **인형**

6 **hide-and-seek**
[하이드 앤 시이크] **숨바꼭질**

7 **jigsaw puzzle**
[직소- 퍼즐] **직소퍼즐**

8 **jump rope** [점프 로우프] **줄넘기**

9 **jungle gym** [정글 지임] **정글짐**

10 **rock, paper, scissors**
[라크, 페이퍼, 시저즈] **가위, 바위, 보**

11 **seesaw** [시이소오] **시소**

12 **tag** [태그] **잡기놀이**

13 **teddy bear** [테디 베어] **테디 베어**

14 **video game**
[비디오우 게임] **비디오 게임**

15 **yo-yo** [요우요우] **요요**

16 **flute** [플루우트] **플루트**

17 **drum** [드럼] **드럼**

18 **guitar** [기타아] **기타**

19 **piano** [피애노우] **피아노**

20 **trumpet** [트럼피트] **트럼펫**

21 **violin** [바이얼린] **바이올린**

직업 1 Jobs

🧑 **What do you want to be?** 너는 뭐가 되고 싶어?

🧑 **I want to be a pilot.** 나는 조종사가 되고 싶어.

1 **artist** [아아티스트] **화가**

2 **astronaut** [애스트러노오트] **우주비행사**

3 **baker** [베이커] **제빵사**

4 **cook** [쿠크] **요리사**

5 **soccer player** [사커 플레이어] **축구선수**

6 **bus driver** [버스 드라이버] **버스운전기사**

7 **comedian** [커미이디언] **코미디언**

8 **dentist** [덴티스트] **치과의사**

9 **doctor** [닥터] **의사**

10 **farmer** [파아머] **농부**

11 **flight attendant**
[플라이트 어텐던트] **승무원**

12 **florist** [플로오리스트] **플로리스트**

13 **pilot** [파일러트] **조종사**

14 **police officer**
[펄리이스 오-피서] **경찰관**

15 **figure skater**
[피겨 스케이터] **피켜 스케이팅 선수**

16 **singer** [싱어] **가수**

17 **deliverer** [딜리버러] **배달원**

18 **teacher** [티이처] **선생님**

19 **vet** [베트] **수의사**

20 **zookeeper** [주우키이퍼]
동물원 사육사

직업 2 Jobs

What do you do? 무슨 일 하세요?

I'm a dancer. 저는 댄서예요.

1 **carpenter** [카아펀터] **목수**

2 **announcer** [어나운서] **아나운서**

3 **beautician** [뷰우티션] **미용사**

4 **engineer** [엔지니어] **기술자**

5 **fashion designer**
[패션 디자이너] **패션 디자이너**

6 **dancer** [댄서] **댄서**

7 **actor** [액터] **배우**

8 **actress** [액트리스] **여배우**

9 **lawyer** [로오이어] **법률가**

10 **nurse** [너어스] **간호사**

11 **soldier** [소울쥐어] **군인**

12 **photographer**
[퍼타그러퍼] **사진작가**

13 **office worker**
[오-피스 워어커] **회사원**

14 **firefighter** [파이어파이터] **소방관**

15 **guitarist** [기타아리스트] **기타 연주자**

16 **computer programmer**
[컴퓨우터 프로우그래머] **컴퓨터 프로그래머**

17 **pop idol** [팝 아이들] **인기가수**

18 **president** [프레저던트] **대통령**

19 **reporter** [리포어터] **기자**

20 **scientist** [사이언티스트] **과학자**

발음 듣기

나라 Countries

Where do you want to go? 너는 어디를 가고 싶어?
I want to go to New Zealand. 뉴질랜드에 가고 싶어요.

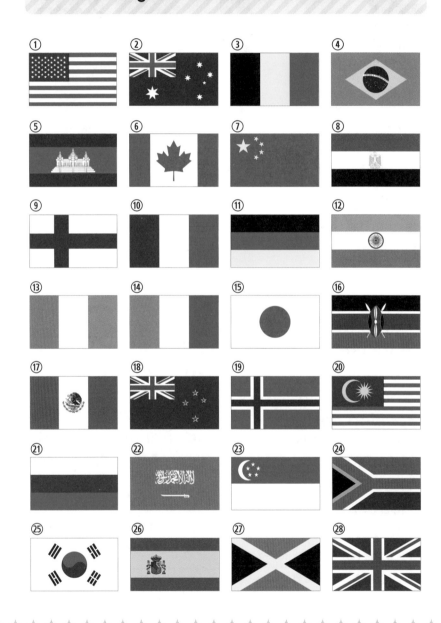

1 **America / the U.S.A**
[어메리커/더 유우.에스.에이] 미국

2 **Australia** [오스트레일리어] 호주

3 **Belgium** [벨점] 벨기에

4 **Brazil** [브러질] 브라질

5 **Cambodia**
[캠보우디어] 캄보디아

6 **Canada** [캐너더] 캐나다

7 **China** [차이너] 중국

8 **Egypt** [이-집트] 이집트

9 **Finland** [핀런드] 핀란드

10 **France** [프랜스] 프랑스

11 **Germany** [저어머니] 독일

12 **India** [인디어] 인도

13 **Ireland** [아이얼런드] 아일랜드

14 **Italy** [이털리] 이탈리아

15 **Japan** [저팬] 일본

16 **Kenya** [켄여] 케냐

17 **Mexico** [멕시코우] 멕시코

18 **New Zealand**
[누우 지일런드] 뉴질랜드

19 **Norway** [노오르웨이] 노르웨이

20 **Malaysia** [멀레이쥐어] 말레이시아

21 **Russia** [러셔] 러시아

22 **Saudi Arabia**
[사우디 어레이비어] 사우디아라비아

23 **Singapore** [싱거포얼] 싱가포르

24 **South Africa**
[사우쓰 애프리커] 남아프리카 공화국

25 **South Korea**
[사우쓰 커리이어] 대한민국

26 **Spain** [스페인] 스페인

27 **Jamaica** [저메이커] 자메이카

28 **the U.K. / Britain**
[더 유우.케이./브리튼] 영국

29 **North America**
[노어쓰 어메리커] 북아메리카

30 **South America**
[사우쓰 어메리커] 남아메리카

31 **Europe** [유어럽] 유럽

32 **Asia** [에이저] 아시아

33 **Africa** [애프리커] 아프리카

34 **north** [노어쓰] 북쪽

35 **south** [사우쓰] 남쪽

36 **east** [이-스트] 동쪽

37 **west** [웨스트] 서쪽

✿ Numbers

🧒 **How many apples are there?** 사과는 몇 개 있어?

👧 **Nine.** 아홉 개.

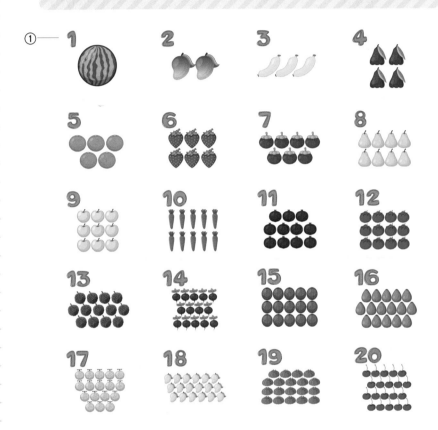

1	**numbers** [넘버즈] **수**	**seven** [세번] **7**	**fourteen** [포어티인] **14**
	one [원] **1**	**eight** [에이트] **8**	**fifteen** [피프티인] **15**
	two [투우] **2**	**nine** [나인] **9**	**sixteen** [식스티인] **16**
	three [쓰리이] **3**	**ten** [텐] **10**	**seventeen** [세번티인] **17**
	four [포어] **4**	**eleven** [일레번] **11**	**eighteen** [에이티인] **18**
	five [파이브] **5**	**twelve** [트웰브] **12**	**nineteen** [나인티인] **19**
	six [식스] **6**	**thirteen** [써어티인] **13**	**twenty** [트웬티] **20**

thirty [써어티] **30**
forty [포어티] **40**
fifty [피프티] **50**
sixty [식스티] **60**
seventy [세번티] **70**
eighty [에이티] **80**
ninety [나인티] **90**
one hundred [원 헌드러드] **100**

2 **dollar** [달러] **달러**
3 **won** [원] **원**
4 **yen** [엔] **엔**
5 **addition** [어디션] **덧셈**
6 **subtraction** [서브트랙션] **뺄셈**
7 **multiplication** [머터플리케이션] **곱셈**
8 **division** [디비전] **나눗셈**

반대말1 - 상태 opposite

What's the opposite of "long"? '긴'의 반대말이 뭐야?

Short. 짧은.

1-2 **old** 나이든 - **young** 어린 [오울드]　　[영]	9-10 **bored** 지루한 - **excited** 재밌는 [보어드]　　[익사이티드]
3-4 **fat** 뚱뚱한 - **thin** 날씬한 [패트]　　[씬]	11-12 **sick** 아픈 - **healthy** 건강한 [시크]　　[헬씨]
5-6 **dry** 건조한 - **wet** 젖은 [드라이]　　[웨트]	13-14 **cheap** 싼 - **expensive** 비싼 [치이프]　　[익스펜시브]
7-8 **sour** 신- **sweet** 달콤한 [사우어]　　[스위트]	15-16 **dirty** 더러운 - **clean** 깨끗한 [더어티]　　[클리인]

17-18	**cold** 차가운 - **hot** 뜨거운 [코울드] [하트]	29-30	**big** 큰 - **small** 작은 [비그] [스모올]
19-20	**fast** 빠른 - **slow** 느린 [패스트] [슬로우]	31-32	**angry** 화난 - **happy** 행복한 [앵그리] [해피]
21-22	**long** 긴 - **short** 짧은 [로옹] [쇼어트]	33-34	**soft** 부드러운 - **hard** 단단한 [소오프트] [하아드]
23-24	**empty** 빈 - **full** 가득한 [엠프티] [풀]	35-36	**heavy** 무거운 - **light** 가벼운 [헤비] [라이트]
25-26	**closed** 닫힌 - **open** 열린 [클로우즈드] [오우펀]	37-38	**noisy** 시끄러운 - **quiet** 조용한 [노이지] [콰이어트]
27-28	**strong** 강한 - **weak** 약한 [스트로옹] [위이크]	39-40	**narrow** 좁은 - **broad** 넓은 [내로우] [브로오드]

반대말2 - 동작 opposite

발음 듣기

What's the opposite of "buy"? '사다'의 반대말은 뭐야?

Sale. 팔다.

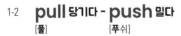

1-2 **pull** 당기다 - **push** 밀다 [풀]　　　　　[푸쉬]	
3-4 **lead** 이끌다 - **follow** 따르다 [리이드]　　　　[팔로우]	9-10 **lose** 잃어버리다 - **find** 찾다 [루우즈]　　　　　[파인드]
5-6 **pass** 통과하다 - **fall** 떨어지다 [패스]　　　　　[포올]	11-12 **arrive** 도착하다 - **leave** 떠나다 [어라이브]　　　　　[리이브]
7-8 **come** 오다 - **go** 가다 [컴]　　　　[고우]	13-14 **ask** 묻다 - **answer** 답하다 [애스크]　　　[앤서]

15-16 **lend** 빌리다 - **borrow** 빌려주다 [렌드] [바로우]	
17-18 **fall down** 넘어지다 - **get up** 일어나다 [포올 다운] [겟 업]	**25-26** **give** 주다 - **get** 얻다 [기브] [겟]
19-20 **save** 저축하다 - **spend** 소비하다 [세이브] [스펜드]	**27-28** **stand** 서다 - **sit** 앉다 [스탠드] [시트]
21-22 **start** 시작하다 - **finish** 끝내다 [스타아트] [피니쉬]	**29-30** **buy** 사다 - **sale** 팔다 [바이] [세일]
23-24 **attack** 공격하다 - **defend** 방어하다 [어태크] [디펜드]	**31-32** **work** 일하다 - **play** 놀다 [워어크] [플레이]

발음 듣기

반대말3 – 위치 및 방향 opposite

 What's the opposite of "left"? '왼쪽'의 반대말은 뭐야?

 Right. 오른쪽.

298

⑮ ⑯

⑰ ⑱

⑲ ⑳

㉒

㉑

㉓

㉔

1-2 **inside** 안에 - **outside** 밖에
[인사이드] [아우트사이드]

3-4 **above** ~위에 - **below** ~아래에
[어버브] [빌로우]

5-6 **in front of** ~앞에 - **behind** ~뒤에
[인 프런트 어브] [비하인드]

7-8 **down** 아래로 - **up** 위로
[다운] [업]

9-10 **on** 위에 - **under** 아래에
[언] [언더]

11-12 **here** 여기 - **there** 저기
[히어] [데어]

13-14 **left** 왼쪽 - **right** 오른쪽
[레프트] [라이트]

15-16 **front** 앞 - **back** 뒤
[프런트] [백]

17-18 **backward** 뒤로 - **forward** 앞으로
[백워드] [포워드]

19-20 **apart** 떨어져서 - **together** 함께
[어파아트] [투게더]

21-22 **near** 가까이 - **far** 멀리
[니어] [파아]

23-24 **upstairs** 위층 - **downstairs** 아래층
[업스테어즈] [다운스테어즈]

Part 3

어원 영단어 익히기

발음 듣기

dis- 부정(not), 반대(opposite)

able [에이블] ~할 수 있는
agree [어그리이] 동의하다
courage [커어리쥐] 용기
appear [어피어] 나타나다
honest [아니스트] 정직한
quiet [콰이어트] 조용한, 진정시키다

---

disable
[디스에이블]
동 **무능하게 하다**

어원 **dis** 「반대」+ **able** 「할 수 있다」
⋯▸ 사람이 ~할 수 없도록

---

disagree
[디스어그리이]
동 **동의하지 않다**

어원 **dis** 「반대」+ **agree** 「동의하다」
⋯▸ 동의할 수 없다

---

discourage
[디스커어리쥐]
동 **낙담시키다**

어원 **dis** 「반대」+ **courage** 「용기」
⋯▸ 용기를 잃게 하다

---

disappear
[디스어피어]
동 **사라지다**

어원 **dis** 「반대」+ **appear** 「나타나다」
⋯▸ 나타나지 않다

---

dishonest
[디스아니스트]
형 **부정직한**

어원 **dis** 「반대」+ **honest** 「정직한」
⋯▸ 정직하지 않은

---

disquiet
[디스콰이어트]
동 **~의 안정을 어지럽히다**

어원 **dis** 「반대」+ **quiet** 「안정시키다」
⋯▸ 안정시키지 않다

re- 다시(again)

call [코올] 부르다
mind [마인드] 마음
new [누우] 새로운
view [뷰우] 보다
apply [어플라이] 신청하다
turn [터언] 돌다

recall [리코올] 통 생각해내다	어원 **re** 「다시」 + **call** 「부르다」 ⋯▸ 불러서 되돌리다
remind [리마인드] 통 상기시키다	어원 **re** 「다시」 + **mind** 「마음」 ⋯▸ 마음에 다시 떠올리다
renew [리누우] 통 갱신하다	어원 **re** 「다시」 + **new** 「새로운」 ⋯▸ 다시 새로워지다
review [리뷰우] 통 복습하다	어원 **re** 「다시」 + **view** 「보다」 ⋯▸ 다시 한 번 보다
reapply [리어플라이] 통 재신청하다	어원 **re** 「다시」 + **apply** 「신청하다」 ⋯▸ 다시 신청하다
return [리터언] 통 다시 돌아오다	어원 **re** 「다시」 + **turn** 「돌다」 ⋯▸ 다시 돌아오다

발음 듣기

in-, im- ~아니다 (not)

correct [커렉트] 정확한
direct [디렉트] 직접적인
famous [페이머스] 평판이 좋은, 유명한
visible [비저블] (눈에) 보이는
moral [모어럴] 도덕적인
possible [파서블] 가능한

---

incorrect
[인커렉트]
형 부정확한

어원 **in**「반대」+ **correct**「정확한」
···➤ 정확하지 않다

---

indirect
[인더렉트]
형 간접적인

어원 **in**「반대」+ **direct**「직접적인」
···➤ 직접적이지 않다

---

infamous
[인퍼머스]
형 악명 높은

어원 **in**「반대」+ **famous**「평판이 좋은」
···➤ 평판이 좋지 않다

---

invisible
[인비저블]
형 볼 수 없는

어원 **in**「반대」+ **visible**「보이는」
···➤ 보이지 않다

---

immoral
[임모어럴]
형 부도덕한

어원 **im**「반대」+ **moral**「도덕적인」
···➤ 도덕적이지 않다

---

impossible
[임파서블]
형 불가능한

어원 **im**「반대」+ **possible**「가능한」
···➤ 가능하지 않다

---

* **b**, **m**, **p**의 앞에서는 **im**으로 씁니다.

304

un- ~하지 않다(not)

tie [타이] 묶다
fold [포울드] 접다
lock [락] 잠그다
load [로우드] 싣다
lucky [러키] 행운의
true [트루우] 사실인

untie [언타이] 통 풀다	어원 **un** 「반대」 + **tie** 「묶다」 ⋯→ 「묶다」의 반대
unfold [언포울드] 통 펴다	어원 **un** 「반대」 + **fold** 「접다」 ⋯→ 「접다」의 반대
unlock [언락] 통 열다	어원 **un** 「반대」 + **lock** 「잠그다」 ⋯→ 「잠그다」의 반대
unload [언로우드] 통 내리다	어원 **un** 「반대」 + **load** 「싣다」 ⋯→ 「싣다」의 반대
unlucky [언러키] 형 운이 나쁜	어원 **un** 「반대」 + **lucky** 「행운의」 ⋯→ 「행운의」의 반대
untrue [언트루우] 형 허위의	어원 **un** 「반대」 + **true** 「사실인」 ⋯→ 「사실인」의 반대

발음 듣기

in-, im- 안에(in)

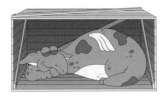

come [컴] 오다
sight [사이트] 보다
born [보언] 태어난
put [푸트] 놓다
door [도어] 문
land [랜드] 땅

income [인컴] 명 수입, 소득	어원 **in** 「안에」 + **come** 「오다」 ⋯▸ 자신의 품 안에 들어오는 것
insight [인사이트] 명 통찰력, 안목	어원 **in** 「안에」 + **sight** 「보다」 ⋯▸ 안을 보는 것
inborn [인보언] 형 선천적인, 타고난	어원 **in** 「안에」 + **born** 「태어난」 ⋯▸ 이미 태어나기 전부터
input [인푸트] 동 입력하다 명 투입	어원 **in** 「안에」 + **put** 「놓다」 ⋯▸ 안쪽으로 놓다
indoor [인도어] 형 실내의	어원 **in** 「안에」 + **door** 「문」 ⋯▸ 문 안에의
inland [인랜드] 명 내륙 형 내륙의	어원 **in** 「안에」 + **land** 「땅」 ⋯▸ 땅 안에의

pre-, pro- 앞에(before)

school [스쿠울] 학교
fix [픽스] 연결하다
historic [히스토어릭] 역사의
dict [딕트] 말하다
paid [페이드] 지불한
view [뷰우] 보다

preschool [프리이스쿠울] 명 유치원, 보육원	어원 **pre**「앞에」+ **school**「학교」 ···▶ 학교에 가기 전에
prefix [프리이픽스] 명 접두사	어원 **pre**「앞에」+ **fix**「연결하다」 ···▶ 앞에 위치해 단어를 연결하는 것
prehistoric [프리히스토어릭] 형 선사 시대의	어원 **pre**「앞에」+ **historic**「역사의」 ···▶ 역사가 시작되기 전에
predict [프리딕트] 동 예언하다, 예측하다	어원 **pre**「앞에」+ **dict**「말하다」 ···▶ 앞서서 미리 말하는
prepaid [프리페이드] 형 선불의	어원 **pre**「앞에」+ **paid**「지불한」 ···▶ 앞서서 미리 지불한
preview [프리이뷰우] 명 시사회, 시사평	어원 **pre**「앞에」+ **view**「보다」 ···▶ 앞서서 미리 보다

발음 듣기

anti- 대항하여, ~반대하여(against)

biotic [바이아틱] 생물의
freeze [프리이즈] 얼다, 동결
body [바디] 몸
pathy [퍼씨] 감정, 고통
social [소우셜] 사회의, 사회적인
war [워어] 전쟁

---

antibiotic [앤티바이아틱] 형 항생물질의 명 항생물질	어원 **anti**「대항하다」+ **biotic**「생물의」 ⋯→ 생물에 반항하다
antifreeze [앤티프리이즈] 명 부동액	어원 **anti**「대항하다」+ **freeze**「얼다」 ⋯→ 얼지 못하게 하다
antibody [앤티바디] 명 항체	어원 **anti**「대항하다」+ **body**「몸」 ⋯→ 몸의 균에 대항하는
antipathy [앤티퍼씨] 명 반감	어원 **anti**「대항하다」+ **pathy**「감정」 ⋯→ 감정에 대항하는 마음
antisocial [앤티소우셜] 형 반사회적인, 반사교적인	어원 **anti**「대항하다」+ **social**「사회적인」 ⋯→ 사회적인에 반하는
antiwar [앤티워어] 형 전쟁 반대의, 반전의	어원 **anti**「대항하다」+ **war**「전쟁」 ⋯→ 전쟁에 반대하는

non- ~아님, ~없는(not)

stop [스타압] **멈추다, 머묾**
fiction [픽션] **소설**
official [어피셜] **공식적인, 공인된**
sense [센스] **감각, 의식**
sensical [센시컬] **그럴 듯한**
alcoholic [앨커호올릭] **알콜이 든, 술의**

nonstop [난스타압] 형 **직행의, 연속적인**	어원 **non** 「아님」 + **stop** 「멈춤」 ⋯ 멈추지 않고 계속 진행하는
nonfiction [난픽션] 명 **비소설**	어원 **non** 「아님」 + **fiction** 「소설」 ⋯ 소설이 아닌
nonofficial [난어피셜] 형 **비공식의**	어원 **non** 「아님」 + **official** 「공식적인」 ⋯ 공식적이 아닌
nonsense [난센스] 명 **허튼 소리, 터무니없는 생각**	어원 **non** 「아님」 + **sense** 「의식」 ⋯ 올바른 의식이 없는
nonsensical [난센시컬] 형 **무의미한, 터무니없는**	어원 **non** 「아님」 + **sensical** 「그럴 듯한」 ⋯ 그럴듯하지 아니한
nonalcoholic [난앨커호올릭] 형 **무알콜의**	어원 **non** 「아님」 + **alcoholic** 「알코올」 ⋯ 알코올이 없는

super- 위로, 넘어서(above, over)

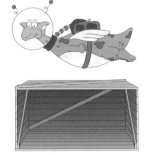

vision [비전] **시력, 시야**
star [스타아] **스타, 별**
speed [스피이드] **속도, 빠름**
natural [내춰럴] **자연의**
vise [바이즈] **내려다 보다**
sonic [사니크] **소리의, 음속의**

---

supervision
[수우퍼비전]
명 감독, 관리

어원 **super** 「위에」 + **vision** 「시야」
⋯→ 위에서 내려다보는

---

superstar
[수우퍼스타아]
명 슈퍼스타

어원 **super** 「위에」 + **star** 「스타」
⋯→ 스타보다 더 위에 있는

---

superspeed
[수우퍼스피이드]
형 초고속의

어원 **super** 「넘어서」 + **speed** 「빠름」
⋯→ 빠름을 넘어서는

---

supernatural
[수우퍼내춰럴]
형 초자연적인

어원 **super** 「넘어서」 + **natural** 「자연의」
⋯→ 자연을 넘어서는

---

supervise
[수우퍼바이즈]
동 관리하다, 감독하다

어원 **super** 「위에」 + **vise** 「내려다 보다」
⋯→ 위에서 내려다보다

---

supersonic
[수우퍼사니크]
형 초음속의

어원 **super** 「넘어서」 + **sonic** 「음속의」
⋯→ 음속을 넘어서는

de- 반대(opposite), 아래로(down)

frost [프로오스트] 서리, 성에
tach [태취] 붙이다
crease [크리이스] 자라다
press [프레스] 누르다
grade [그레이드] 등급, 지위
cline [클라인] 기울다

---

defrost
[디프로오스트]
图 해동하다

어원 **de**「반대」+ **frost**「결빙」
··· 성에가 끼는 것의 반대의미

---

detach
[디태취]
图 떼다

어원 **de**「반대」+ **tach**「붙이다」
··· 붙이는 것의 반대의미

---

decrease
[디크리이스]
图 감소하다

어원 **de**「반대」+ **crease**「자라다」
··· 자라다의 반대의미

---

depress
[디프레스]
图 우울하게하다, 낙담시키다

어원 **de**「아래로」+ **press**「누르다」
··· 아래로 눌러서

---

degrade
[디그레이드]
图 저하시키다

어원 **de**「아래로」+ **grade**「등급」
··· 등급 등을 아래로 낮추다

---

decline
[디클라인]
图 감소하다

어원 **de**「아래로」+ **cline**「기울다」
··· 아래로 기울이다

발음 듣기

over- 과도하게, 넘어(over)

sleep [슬리-입] **자다**
work [워어크] **일하다**
weight [웨이트] **체중**
look [루크] **보다**
seas [시이즈] **바다**
take [테이크] **잡다**

---

oversleep
[오우버슬리-입]
동 **늦잠 자다, 너무 자다**

어원 **over**「과도하게」+ **sleep**「자다」
⋯ 잠을 과도하게 자다

---

overwork
[오우버워어크]
동 **과로하다** 명 **과로**

어원 **over**「과도하게」+ **work**「일하다」
⋯ 일을 과도하게 하다

---

overweight
[오우버웨이트]
형 **너무 살찐** 명 **비만**

어원 **over**「과도하게」+ **weight**「체중」
⋯ 체중이 과도한

---

overlook
[오우버루크]
동 **내려다보다** 명 **전망 좋은 곳**

어원 **over**「넘어」+ **look**「보다」
⋯ 넘어서서 보(이)다

---

overseas
[오우버시이즈]
형 **해외로, 해외의**

어원 **over**「넘어」+ **seas**「바다」
⋯ 바다를 넘어서

---

overtake
[오우버테이크]
동 **따라 잡다, 능가하다**

어원 **over**「넘어」+ **take**「잡다」
⋯ 넘어서서 잡다

under- 아래에(under)

ground [그라운드] **땅**
sea [시이] **바다**
line [라인] **선**
rate [레이트] **평가**
wear [웨어] **의복**
price [프라이스] **가격**

underground [언더그라운드] 휑 지하의, 지하에	어원 **under**「아래에」+ **ground**「땅」 ···▸ 땅 아래의
undersea [언더시이] 휑 바다 속의, 해저의	어원 **under**「아래에」+ **sea**「바다」 ···▸ 바다 아래의
underline [언더라인] 동 밑줄을 긋다	어원 **under**「아래에」+ **line**「선」 ···▸ 아래에 선을 긋다
underrate [언더레이트] 동 과소평가하다	어원 **under**「아래에」+ **rate**「평가」 ···▸ 아래로 평가하다
underwear [언더웨어] 명 속옷	어원 **under**「아래에」+ **wear**「의복」 ···▸ 겉옷 아래에 입는 옷
underprice [언더프라이스] 동 싸게 팔다	어원 **under**「아래에」+ **price**「가격」 ···▸ 아래의 가격으로 팔다

발음 듣기

fore- 이전(before), 앞(front)

see [시이] 보다
sight [사이트] 보기, 시야
cast [캐스트] 제시하다, 던지다
father [파아더] 아버지
word [워어드] 말, 이야기
head [헤드] 머리

foresee [포어시이] 통 예지하다, 예견하다	어원 **fore** 「이전에」 + **see** 「보다」 ⋯⋯▸ 앞서서 미리 보다
foresight [포어사이트] 명 예지력, 예견	어원 **fore** 「이전에」 + **sight** 「보기」 ⋯⋯▸ 앞서서 미리 볼 수 있는
forecast [포어캐스트] 통 예측하다 명 예보	어원 **fore** 「이전에」 + **cast** 「제시하다」 ⋯⋯▸ 앞서서 미리 제시하다
forefather [포어파아더] 명 조상, 선조	어원 **fore** 「앞에」 + **father** 「아버지」 ⋯⋯▸ 아버지의 앞선 세대
foreword [포어워어드] 명 머리말, 서문	어원 **fore** 「앞에」 + **word** 「말」 ⋯⋯▸ 앞서서 하는 말
forehead [포어헤드] 명 이마	어원 **fore** 「앞에」 + **head** 「머리」 ⋯⋯▸ 머리의 앞쪽에 있는

en-, em- ~을 만들다(make), ~을 야기하다(cause to)

able [에이블] **가능하다**
courage [커어리쥐] **용기**
title [타이틀] **자격, 제목**
rich [리취] **풍요로운**
danger [데인저] **위험**
power [파우어] **힘, 권력**

---

enable [엔에이블] 통 **가능하게 하다**	어원 **en** 「~을 만들다」 + **able** 「가능하다」 ⋯⟩ 사람이 ~가능하게 만들다
encourage [엔커어리쥐] 통 **격려하다, 용기를 북돋우다**	어원 **en** 「~을 만들다」 + **courage** 「용기」 ⋯⟩ 다른 사람에게 용기를 주다
entitle [엔타이틀] 통 **자격을 주다, 표제를 붙이다**	어원 **en** 「~을 만들다」 + **title** 「자격,제목」 ⋯⟩ 자격[제목]을 만들어 주다
enrich [엔리취] 통 **풍요롭게 하다**	어원 **en** 「~을 만들다」 + **rich** 「풍요로운」 ⋯⟩ 풍요롭게 만들다
endanger [엔데인저] 통 **위험하게 하다**	어원 **en** 「~을 만들다」 + **danger** 「위험」 ⋯⟩ 위험하게 만들다
empower [엠파우어] 통 **권한을 주다**	어원 **em** 「~을 만들다」 + **power** 「힘」 ⋯⟩ 힘을 만들어 주다

inter- ~사이에, 서로(between)

val [벌] 벽
mediate [미이디에이트] 중간
national [내셔널] 국가의
view [뷰우] 시야, 보다
act [액트] 행동
change [체인쥐] 바꾸다

---

interval
[인터벌]
명 간격, 틈

어원 **inter**「사이에」+ **val**「벽」
⋯▸ 벽의 사이

---

intermediate
[인터미이디어트]
형 중간의, 중간에 일어나는

어원 **inter**「사이에」+ **mediate**「중간의」
⋯▸ 중간의 사이에

---

international
[인터내셔널]
형 국제간의

어원 **inter**「사이에」+ **national**「국가의」
⋯▸ 국가 간의 사이에

---

interview
[인터뷰우]
명 면접

어원 **inter**「서로」+ **view**「보다」
⋯▸ 서로 마주하여 보다

---

interact
[인터랙트]
동 상호 작용하다, 교류하다

어원 **inter**「서로」+ **act**「행동」
⋯▸ 상호간의 행동하다

---

interchange
[인터체인쥐]
동 서로 교환하다, 바꾸다

어원 **inter**「서로」+ **change**「바꾸다」
⋯▸ 서로 바꾸다

mid- 중간의(middle)

term [터엄] 기간
winter [윈터] 겨울
way [웨이] 길, 거리
night [나이트] 밤
point [포인트] 점
life [라이프] 인생, 삶

midterm [미드터엄] 형 중간의	어원 **mid** 「중간의」 + **term** 「기간」 ⋯▶ 기간의 중간
midwinter [미드윈터] 명 한겨울	어원 **mid** 「중간의」 + **winter** 「겨울」 ⋯▶ 겨울의 중심
midway [미드웨이] 부 (시간·거리상으로) 중간에	어원 **mid** 「중간의」 + **way** 「길,거리」 ⋯▶ 시간이나 길의 중간쯤에
midnight [미드나이트] 명 자정, 한밤중	어원 **mid** 「중간의」 + **night** 「밤」 ⋯▶ 밤의 중간
midpoint [미드포인트] 명 중간점, 중심점	어원 **mid** 「중간의」 + **point** 「점」 ⋯▶ 중간의 지점
midlife [미드라이프] 명 중년기	어원 **mid** 「중간의」 + **life** 「인생」 ⋯▶ 인생의 중간시기

발음 듣기

mis- 잘못되게, 그릇되게(wrongly)

fire [파이어] 불, 발사되다
understand [언더스탠드] 이해하다
read [리이드] 읽다
spell [스펠] 철자를 쓰다
hear [히어] 듣다
take [테이크] 이르다

---

misfire
[미스파이어]
동 불발이 되다

어원 **mis** 「잘못되게」 + **fire** 「발사되다」
⋯ 발사가 잘못되게 되다

---

misunderstand
[미스언더스탠드]
동 오해하다

어원 **mis** 「잘못되게」 + **understand** 「이해하다」
⋯ 이해를 하지 못하여

---

misread
[미스리이드]
동 잘못 해석하다, 잘못 읽다

어원 **mis** 「잘못되게」 + **read** 「읽다」
⋯ 읽는 것을 잘못해서

---

misspell
[미스스펠]
동 철자를 잘못 쓰다

어원 **mis** 「잘못되게」 + **spell** 「철자를 쓰다」
⋯ 철자를 잘못 쓰다

---

mishear
[미스히어]
동 잘못 듣다, 잘못 알아듣다

어원 **mis** 「잘못되게」 + **hear** 「듣다」
⋯ 듣는 것을 잘못 듣다

---

mistake
[미스테이크]
동 실수하다

어원 **mis** 「잘못되게」 + **take** 「이르게 하다」
⋯ 잘못 이르게 하다

---

semi- 반(half)

sweet [스위이트] **달콤한, 단**
skilled [스킬드] **숙련된**
final [파이널] **결승전**
solid [살리드] **고체의, 고체**
secret [시이크리트] **비밀의, 비밀**
circle [서어클] **원**

---

semisweet
[세미스위이트]
형 **약간 달게 만든**

어원	**semi** 「반」 + **sweet** 「달콤한」
…	반 정도 단맛의

---

semiskilled
[세미스킬드]
형 **반숙련된**

어원	**semi** 「반」 + **skilled** 「숙련된」
…	반 정도 숙련된

---

semifinal
[세미파이널]
명 **준결승전**

어원	**semi** 「반」 + **final** 「결승전」
…	반은 결승전인 경기

---

semisolid
[세미살리드]
형 **반고체의**

어원	**semi** 「반」 + **solid** 「고체의」
…	고체의 반 정도

---

semisecret
[세미시이크리트]
형 **반 비밀의, 공공연한 비밀의**

어원	**semi** 「반」 + **secret** 「비밀의」
…	반 정도 비밀인

---

semicircle
[세미서어클]
명 **반원**

어원	**semi** 「반」 + **circle** 「원」
…	원의 반

sub- 밑에(under)

way [웨이] 길
merge [머어쥐] 합치다, 혼합하다
heading [헤딩] 제목, 주제
floor [플로어] 방바닥, 마루
marine [머리인] 바다의, 해양의
title [타이틀] 제목, 표제

subway [서브웨이] 명 지하철, 지하도	어원 **sub** 「밑에」 + **way** 「길」 ⋯➤ 길 밑으로 다니는 기차
submerge [서브머어쥐] 동 잠수하다	어원 **sub** 「밑에」 + **merge** 「합치다」 ⋯➤ 바다 밑으로 합쳐지다
subheading [서브헤딩] 명 부제, 부가 제목	어원 **sub** 「밑에」 + **heading** 「제목」 ⋯➤ 제목 밑의 작은 제목
subfloor [서브플로어] 명 마루 밑에 깐 거친 마루	어원 **sub** 「밑에」 + **floor** 「마루」 ⋯➤ 마루 밑의 바닥
submarine [서브머리인] 명 잠수함 형 바다 속의	어원 **sub** 「밑에」 + **marine** 「바다의」 ⋯➤ 바다 밑의 다니는 배
subtitle [서브타이틀] 명 부제, 자막	어원 **sub** 「밑에」 + **title** 「제목」 ⋯➤ 제목 밑으로 다는 소제목

trans- 넘어서(across), 변경하다(change)

form [포엄] 형태
plant [플랜트] 심다, 식물
port [포어트] 항구
figure [피겨어] 모습
fer [퍼어] 옮기다
continental [칸티넨틀] 대륙의

transform [트랜스**포**엄] ⑧ 변형시키다	어원 **trans**「변경하다」+ **form**「형태」 ⋯▶ 형태를 변경시키다
transplant [트랜스**플랜**트] ⑧ 이식하다, 옮겨 심다	어원 **trans**「넘어서」+ **plant**「심다」 ⋯▶ 다른 곳으로 이동하여 심다
transport [트랜스**포**어트] ⑧ 수송하다	어원 **trans**「넘어서」+ **port**「항구」 ⋯▶ 항구를 넘어서 이동시키다
transfigure [트랜스**피**겨어] ⑧ 모습을 변화시키다	어원 **trans**「변경하다」+ **figure**「모습」 ⋯▶ 모습을 변경시키다
transfer [트랜스**퍼**어] ⑧ 갈아타다 ⑲ 이동	어원 **trans**「넘어서」+ **fer**「옮기다」 ⋯▶ 넘어가서 이동하다
transcontinental [트랜스**칸**티**넨**틀] ⑲ 대륙 횡단의	어원 **trans**「넘어서」+ **continental**「대륙의」 ⋯▶ 대륙간을 넘어서 이동하는

-ed, -d   접미사 'd', 'ed'는 동사를 과거형으로 만듭니다.

발음 듣기

hop**ed** 희망했다
[호우프트]

jump**ed** 점프했다
[점프트]

play**ed** 놀았다
[플레이드]

return**ed** 돌아왔다
[리턴드]

studi**ed** 공부했다
[스터디드]

learn**ed** 배웠다
[러언드]

-ing   접미사 '**ing**'는 동사를 현재진행형으로 만듭니다.

runn**ing** 뛰고 있는
[러닝]

play**ing** 놀고 있는
[플레잉]

hop**ing** 희망하고 있는
[호우핑]

study**ing** 공부하고 있는
[스터딩]

learn**ing** 배우고 있는
[러어닝]

jump**ing** 점프하고 있는
[점핑]

-ly   접미사 '**ly**'는 명사 뒤에 붙으면 **형용사**를, 형용사 뒤에 붙으면 **부사**를 만듭니다. '~한', '~하게', '~로' 등으로 해석됩니다.

quick**ly** 빠르게
[퀵클리]

comfortab**ly** 안락하게
[컴퍼터블리]

regular**ly** 정기적으로
[레귤러리]

easi**ly** 쉽게
[이-질리]

loud**ly** 큰소리로
[라우들리]

sudden**ly** 갑작스럽게
[서든리]

love**ly** 사랑스러운
[러블리]

friend**ly** 다정한
[프렌들리]

cost**ly** 값비싼
[코오스틀리]

-s, -es

접미사 's', 'es'는 명사에 뒤에 붙어 복수형을 만듭니다.

window s 창문들
[**윈**도우즈]

cup s 컵들
[**컵**스]

drink s 마실 것들
[**드링**크스]

train s 기차들
[**트레**인즈]

bus es 버스들
[**버**스이즈]

box es 박스들
[**박**스이즈]

church es 교회들
[**쳐**어치이즈]

dish es 접시들
[**디**쉬이즈]

-est

접미사 'est'는 형용사나 부사의 뒤에 붙어 '가장 ~한'으로 해석하는 **최상급**으로 만듭니다.

bigg est 가장 큰
[**비**기스트]

tall est 키가 가장 큰
[**토**올리스트]

silli est 가장 어리석은
[**실**리이스트]

madd est 가장 미친듯이
[**메**드이스트]

long est 가장 긴
[**롱**기스트]

small est 가장 작은
[**스모**올이스트]

-ful

접미사 'ful'은 명사의 뒤에 붙어 '~로 가득찬'으로 해석하는 **형용사**를 만듭니다.

care ful 주의 깊은
[**케**어플]

use ful 쓸모 있는
[**유**우스플]

joy ful 기쁜
[**조**이플]

power ful 강력한
[**파**우어플]

color ful 형형색색의
[**컬**러플]

beauti ful 아름다운
[**뷰**우티플]

-ic, -ical

접미사 '**ic**'는 성질이나 경향을 표현하는 접미사로 '~적인'으로 해석하는 **형용사**를 만듭니다.

발음 듣기

bas**ic** 기본적인
[**베**이시크]

historic 역사적인
[히스**토**리크]

typ**ical** 전형적인
[**티**피컬]

economic 경제적인
[에커**나**미크]

linguist**ic** 언어학의
[링그**위**스티크]

techn**ic** 전문적인
[테크니크]

-ion, -tion, -ation, ition

접미사 '**ion**', '**tion**'은 주로 동사에 붙어 동작이나 상태, 행위를 표현하는 접미사로 **명사**를 만듭니다.

sta**tion** 역, 정거장
[스테이션]

ac**tion** 행동
[**액**션]

discuss**ion** 토론
[디스**커**션]

ques**tion** 질문
[퀘스취언]

objec**tion** 반대
[어브**젝**션]

attrac**tion** 매력
[어트**랙**션]

-ty, -ity

접미사 '**ty**'는 주로 형용사에 붙어 상태나 성질을 표현하는 접미사로 **명사**를 만듭니다.

safe**ty** 안전
[세이프티]

van**ity** 허영심
[**배**너티]

cruel**ty** 잔인함
[크루우얼티]

par**ty** 파티
[**파**아티]

royal**ty** 왕족
[로이얼티]

varie**ty** 다양성
[버**라**이어티]

-ment   접미사 '**ment**'는 주로 동사에 붙어 동작이나 상태를 표현하는 접미사로 명사를 만듭니다.

enjoy**ment** 즐거움
[인**조**이먼트]

move**ment** 이동
[**무**우브먼트]

govern**ment** 정부
[**거**버언먼트]

manage**ment** 관리
[**매**니쥐먼트]

agree**ment** 동의
[어그리이먼트]

excite**ment** 흥분
[익**사**이트먼트]

-ness   접미사 '**ness**'는 주로 형용사에 붙어 상태나 성질을 표현하는 접미사로 명사를 만듭니다.

kind**ness** 친절함
[**카**인드니스]

tired**ness** 피곤함
[**타**이어드니스]

dark**ness** 어둠
[**다**아크니스]

blind**ness** 맹목
[**블라**인드니스]

happi**ness** 행복
[**해**피니스]

fit**ness** 신체단련
[**피**트니스]

-able, -ible   접미사 '**able**'는 주로 동사, 명사에 붙어 가능성, 능력의 '~할 수 있는'으로 해석되는 접미사로 형용사를 만듭니다.

comfort**able** 편안한
[**컴**퍼터블]

port**able** 휴대하기 쉬운
[**포**어터블]

avail**able** 이용할 수 있는
[어**베**일러블]

change**able** 바뀔 수도 있는
[**체**인줘블]

valu**able** 평가할 수 있는
[**밸**류어블]

sens**ible** 분별 있는
[**센**서블]

-al, -ial

접미사 '**al**'은 주로 동사, 명사에 붙어 성질을 표현하는 '~의', '~적인'으로 해석되는 접미사로 **형용사**를 만듭니다.

발음 듣기

technic**al** 기술의
[테크니컬]

individu**al** 각각의
[인더**비**쥬얼]

person**al** 개인의
[**퍼**어서널]

nation**al** 국가의
[**내**셔널]

addition**al** 추가의
[어**디**셔널]

politic**al** 정치의
[**펄**리티컬]

-en

접미사 '**en**'은 주로 형용사에 붙어 '~되게 만들다'로 해석되는 접미사로 **동사**를 만듭니다.

dark**en** 어둡게 하다
[**다**아컨]

deep**en** 깊게 하다
[**디**이펀]

fright**en** 무섭게 하다
[프**라**이튼]

length**en** 길게 만들다
[**렝**썬]

tight**en** 꽉 조이게 하다
[**타**이튼]

sharp**en** 날카롭게 만들다
[**샤**아펀]

-er

접미사 '**er**'은 주로 형용사에 붙어 비교를 나타내는 '더 ~한'으로 해석되는 접미사입니다.

high**er** 더 높은
[**하**이어]

low**er** 더 낮은
[**로**우워]

small**er** 더 작은
[**스**몰러]

wid**er** 더 넓은
[**와**이더]

old**er** 더 나이든
[**오**울더]

deep**er** 더 깊은
[**디**퍼]

| **-er** | 접미사 '**er**'은 주로 동사에 붙어 '~을 하는 사람'으로 해석되는 명사를 만드는 접미사입니다. |

sing<u>er</u> 가수
[**싱**어]

play<u>er</u> 선수
[플레이어]

speak<u>er</u> 연설자
[스**피**이커]

runn<u>er</u> 달리는 사람
[**러**너]

murder<u>er</u> 살인자
[**머**어더러]

teach<u>er</u> 선생님
[**티**이처]

| **-ive, -ative, -itive** | 접미사 '**ive**'는 동사나 명사에 붙어 '~적인'으로 해석되는 형용사를 만드는 접미사입니다. |

act<u>ive</u> 활동적인
[**액**티브]

creat<u>ive</u> 창조적인
[크리**에**이티브]

effect<u>ive</u> 효과적인
[이**펙**티브]

relat<u>ive</u> 관련적인
[**렐**러티브]

alternat<u>ive</u> 대안적인
[오올**터**어너티브]

attract<u>ive</u> 매력적인
[어트**랙**티브]

| **-less** | 접미사 '**less**'는 동사나 명사에 붙어 '~이 없는, ~이 아닌'으로 해석되는 형용사를 만드는 접미사입니다. |

end<u>less</u> 끝이 없는
[**엔**들리스]

care<u>less</u> 조심성 없는
[**케**어리스]

count<u>less</u> 셀 수 없는
[**카**운트리스]

home<u>less</u> 집이 없는
[**호**움리스]

price<u>less</u> 값을 매길 수 없는
[**프라**이스리스]

use<u>less</u> 쓸모없는
[**유**우스리스]

-ous, -eous, -ious

접미사 'ous'는 명사에 붙어 '~한, ~많은'으로 해석되는 형용사를 만드는 접미사입니다.

발음 듣기

joyous 기쁨이 많은
[조이어스]

dangerous 위험한
[데인저러스]

nervous 불안한
[너어버스]

famous 유명한
[페이머스]

glorious 영광스러운
[글로오리어스]

mysterious 불가사의한
[미스티어리어스]

-y

접미사 'y'는 명사에 붙어 '~의 특징을 가진, ~가 풍부한'으로 해석되는 형용사를 만드는 접미사입니다.

happy 행복한
[해피]

sticky 끈적거리는
[스티키]

lucky 운이 좋은
[러키]

rainy 비가 많이 오는
[레이니]

healthy 건강한
[헬씨]

dusty 먼지가 많은
[더스티]

-ish

접미사 'ish'는 명사나 형용사에 붙어 '~의 성질을 가진, ~의 경향이 있는, (특히 국가나 지역명에 붙어)~의'로 해석되는 형용사를 만드는 접미사입니다.

childish 유치한
[차일디쉬]

oldish 좀 늙은
[오울디쉬]

Turkish 터키의
[터어키쉬]

selfish 이기적인
[셀피쉬]

greenish 녹색을 띤
[그리-니쉬]

Irish 아일랜드의
[아이리쉬]

-ward

접미사 '**ward**'는 형용사, 명사, 부사에 붙어 '**공간적, 시간적 방향**'을 나타내는 **부사**를 만드는 접미사입니다.

for**ward** 앞쪽으로
[포-워드]

to**ward** ~의 쪽으로
[투워드]

home**ward** 집으로 향하여
[호움워드]

down**ward** 아래쪽으로
[다운워드]

up**ward** 위쪽으로
[업워드]

east**ward** 동쪽으로
[이-스트워드]

-ship

접미사 '**ship**'은 명사에 붙어 '**자격, 능력, 특성과 관련된 표현**'을 나타내는 접미사입니다.

member**ship** 회원자격
[멤버쉽]

leader**ship** 지도력
[리더쉽]

professor**ship** 교수의 직
[프로페서쉽]

fellow**ship** 동료의식
[펠로우쉽]

owner**ship** 소유(권)
[오우너쉽]

friend**ship** 교우관계
[프렌드쉽]

-ism

접미사 '**ism**'은 동사나 형용사 에 붙어 '**경향이나 특성과 관련된 표현**'을 나타내는 **명사**를 만드는 접미사입니다.

criti**cism** 비평
[크리터시즘]

fas**cism** 파시즘
[패쉬즘]

ra**cism** 인종차별주의
[레이시즘]

hero**ism** 영웅적 자질
[헤로우이즘]

Buddh**ism** 불교
[부우디즘]

alcohol**ism** 알코올 중독
[앨커홀올리즘]

Part 4

초등 필수 영단어 800 쓰기

☐ **a/an** 관 어(떤) 하나의

a/an

☐ **about** 전 ~ 관한, ~ 대하여 부 약, -쯤, -경, 거의

about

☐ **above** 전 ~보다 위에, ~보다 많은 부 위쪽에, (위치가) 위에

above

☐ **academy** 명 학교, 학술원, 교육기관

academy

☐ **accent** 명 강세, 악센트, 말투(사투리), 억양

accent

☐ **accident** 명 사고, 교통사고, 재해

accident

☐ **across** 전 가로질러, 건너편에 부 건너서, 가로질러

across

☐ **act** 명 행동, 행위 동 행동하다

act

☐ **add** 동 더하다, 추가하다[되다]

add

☐ **address** 명 주소 동 연설하다

address

□ **adult** 몡 성인, 어른 혱 성인의, 성숙한

adult

□ **adventure** 몡 모험, 모험심, 모험담

adventure

□ **advise** 툉 충고하다, 조언하다, 권하다

advise

□ **afraid** 혱 두려워하는, 겁내는

afraid

□ **after** 젠 ~후에, 다음에

after

□ **afternoon** 몡 오후

afternoon

□ **again** 뷔 다시, 또

again

□ **against** 젠 ~에 반대하여, ~에 반항[저항]하여

against

□ **age** 몡 나이

age

□ **ago** 뷔 ~전에

ago

□ **agree** 동 동의하다, 찬성하다, 의견이 일치하다

agree

□ **ahead** 부 앞에, 앞쪽에

ahead

□ **air** 명 공기, 대기

air

□ **airline** 명 항공사, 비행기, 에어라인

airline

□ **airplane**(=plane) 명 비행기, 항공기, 여객기

airplane

□ **airport** 명 공항

airport

□ **all** 형 모든 대 모두

all

□ **almost** 부 거의, 대부분

almost

□ **alone** 형 혼자인 부 혼자, 홀로

alone

□ **along** 전 ~을 따라서

along

학습일 /

□ **aloud** 뷔 소리 내어, 큰 소리로

aloud

□ **already** 뷔 이미, 벌써

already

□ **alright** 뷔 좋아, 알았어, 괜찮아

alright

□ **also** 뷔 또한, 게다가, 뿐만 아니라

also

□ **always** 뷔 항상, 언제나

always

□ **A.M./a.m.** 명 오전

A.M./a.m.

□ **and** 접 그리고

and

□ **angel** 명 천사, 천사 같은 사람

angel

□ **anger** 명 분노, 화, 노여움

anger

□ **animal** 명 동물

animal

□ **another** 휑 또 하나의, 다른 때 또 하나의 것, 또 한사람

another

□ **answer** 명 대답 동 대답하다

answer

□ **ant** 명 개미

ant

□ **any** 휑 무슨, 어떤, 아무도(부정문)

any

□ **apple** 명 사과

apple

□ **area** 명 지역, 구역

area

□ **arm** 명 팔

arm

□ **around** 전 ~주위에, 주변에

around

□ **arrive** 동 도착하다

arrive

□ **art** 명 미술, 예술

art

☐ **as** 접 ~하는 대로 전 ~처럼, ~같이 부 ~만큼

as

☐ **ask** 동 묻다

ask

☐ **at** 전 ~에(장소), ~에(시간)

at

☐ **aunt** 명 이모, 고모

aunt

☐ **away** 부 멀리, 떨어져서

away

☐ **baby** 명 아기

baby

☐ **back** 부 (이전의 장소·상태 등으로)다시, 돌아가서, 뒤로 명 등, 허리

back

☐ **background** 명 배경, 바탕

background

☐ **bad** 형 나쁜

bad

☐ **bake** 동 굽다, 굳게 하다

bake

□ **ball** 뗑 공, 볼

ball

□ **balloon** 뗑 풍선

balloon

□ **band** 뗑 악단; 끈

band

□ **bank** 뗑 은행

bank

□ **base** 뗑 기초, 맨 아래 부분

base

□ **baseball** 뗑 야구

baseball

□ **basic** 혱 기본적인, 기초의

basic

□ **basket** 뗑 바구니

basket

□ **basketball** 뗑 농구

basketball

□ **bat** 뗑 배트, 방망이; 박쥐

bat

□ **bath** 몡 목욕

bath

□ **bathroom** 몡 욕실, 화장실

bathroom

□ **battery** 몡 배터리, 건전지

battery

□ **battle** 몡 전쟁, 전투 몸 싸우다, 투쟁하다

battle

□ **be** 몸 ~이다, ~이 되다

be

□ **beach** 몡 해변

beach

□ **bean** 몡 콩

bean

□ **bear** 몸 견디다 몡 곰

bear

□ **beautiful** 몡 아름다운

beautiful

□ **because** 쩝 ~때문에

because

□ **become** 동 ~이 되다, ~(해)지다

become

□ **bed** 명 침대

bed

□ **bedroom** 명 침실

bedroom

□ **bee** 명 벌

bee

□ **beef** 명 쇠고기

beef

□ **before** 전 ~전에, ~의 앞에 접 ~하기 전에

before

□ **begin** 동 시작하다

begin

□ **behind** 전 ~뒤에

behind

□ **believe** 동 믿다, ~이라고 생각하다

believe

□ **bell** 명 종, 벨

bell

학습일   /

☐ **below** 전 ~아래에, ~밑에 부 아래에

below

☐ **beside** 전 ~옆에

beside

☐ **between** 전 ~사이에

between

☐ **bicycle**(=bike) 명 자전거

bicycle

☐ **big** 형 큰

big

☐ **bill** 명 고지서, 청구서, 지폐

bill

☐ **bird** 명 새

bird

☐ **birth** 명 출생, 탄생

birth

☐ **birthday** 명 생일

birthday

☐ **bite** 동 물다, 물어뜯다 명 한 입, 물기

bite

☐ **black** 형 검은 명 검정색

black

☐ **block** 명 덩어리, 토막 통 막다, 차단하다

block

☐ **blood** 명 피, 혈액

blood

☐ **blue** 형 파란 명 파란색

blue

☐ **board** 명 판자, 널

board

☐ **boat** 명 배, 보트

boat

☐ **body** 명 몸, 신체

body

☐ **bomb** 명 폭탄, 수류탄

bomb

☐ **bone** 명 뼈, 골격 통 ~뼈를 바르다

bone

☐ **book** 명 책

book

□ **boot** 명 부츠, 장화

boot

□ **borrow** 동 꾸다, 빌리다

borrow

□ **boss** 명 상사, 상관, 두목

boss

□ **both** 형 둘 다의, 양편의 대 둘 다, 양쪽

both

□ **bottle** 명 병

bottle

□ **bottom** 명 맨 아래, 바닥 형 맨 아래에 있는

bottom

□ **bowl** 명 사발, 그릇

bowl

□ **boy** 명 소년, 남자아이

boy

□ **brain** 명 뇌, 두뇌, 지능, 머리

brain

□ **brake** 명 브레이크

brake

☐ **branch** 명가지, 나뭇가지 동갈라지다, 나뉘다

branch

☐ **brand** 명상표, 브랜드

brand

☐ **brave** 형용감한, 용기 있는

brave

☐ **bread** 명빵

bread

☐ **break** 동깨뜨리다

break

☐ **breakfast** 명아침식사

breakfast

☐ **bridge** 명다리

bridge

☐ **bright** 형밝은, 영리한

bright

☐ **bring** 동가져오다, 데려오다

bring

☐ **brother** 명형제

brother

☐ **brown** 형 갈색의 명 갈색

brown

☐ **brush** 명 솔, 붓

brush

☐ **bubble** 명 거품, 비눗방울

bubble

☐ **bug** 명 곤충, 벌레

bug

☐ **build** 동 세우다, 건축하다, 만들다

build

☐ **burn** 동 (불에) 타다, 태우다

burn

☐ **business** 명 사업, 업무, 상거래, 장사

business

☐ **busy** 형 바쁜

busy

☐ **but** 접 그러나

but

☐ **button** 명 단추, 버튼

button

□ **buy** 동 사다

buy

□ **by** 전 ~로, ~에 의하여 ~옆에

by

□ **cage** 명 새장, 우리

cage

□ **calendar** 명 달력

calendar

□ **call** 동 부르다, 전화하다

call

□ **calm** 형 차분한, 침착한, 바람이 없는, 잔잔한

calm

□ **can** 동 ~할 수 있다

can

□ **candy** 명 사탕, 캔디

candy

□ **cap** 명 모자

cap

□ **captain** 명 선장, (항공기의) 기장, 주장

captain

☐ **car** 명 자동차

☐ **care** 명 걱정, 조심 동 돌보다, 보살피다

☐ **carrot** 명 당근

☐ **carry** 동 나르다

☐ **cart** 명 짐마차, 수레, 손수레[카트]

☐ **case** 명 사건, 경우; 용기, 통

☐ **cash** 명 현금, 현찰 지불 형 현금의, 현착 지불의

☐ **castle** 명 성, 궁궐, 저택

☐ **cat** 명 고양이

☐ **catch** 동 붙잡다

□ **certain** 형 틀림없는, 확신하는

certain

□ **chain** 명 사슬, 줄, 목걸이

chain

□ **chair** 명 의자

chair

□ **chance** 명 기회, 찬스

chance

□ **change** 동 바꾸다, 변경하다

change

□ **cheap** 형 값싼

cheap

□ **check** 동 대조하다, 확인하다

check

□ **child** 명 어린이

child

□ **choose** 동 고르다, 선택하다

choose

□ **church** 명 교회(건물/예배)

church

□ **circle** 명 원, 동그라미 동 동그라미를 그리다

circle

□ **city** 명 도시

city

□ **class** 명 수업, 학급

class

□ **classmate** 명 동급생

classmate

□ **classroom** 명 교실

classroom

□ **clean** 형 깨끗한 동 청소하다

clean

□ **clear** 형 분명한, 확실한, 명백한, 투명한

clear

□ **clerk** 명 사무원, 점원, 직원

clerk

□ **clever** 형 영리한, 재치 있는

clever

□ **climb** 동 오르다

climb

□ **clip** 명 핀, 클립　동 클립으로 고정하다

clip

□ **clock** 명 시계

clock

□ **close** 동 닫다　형 가까운

close

□ **clothes** 명 옷, 의복

clothes

□ **cloud** 명 구름

cloud

□ **club** 명 클럽, 동호회

club

□ **coin** 명 동전, 주화

coin

□ **cold** 형 추운, 차가운　명 감기

cold

□ **collect** 명 모으다, 수집하다

collect

□ **college** 명 단과 대학, 대학

college

□ **color** 명 색깔, 빛깔

□ **come** 통 오다

□ **comedy** 명 코미디, 희극

□ **company** 명 회사, 기업

□ **concert** 명 음악회, 콘서트

□ **condition** 명 상태, 건강상태

□ **congratulate** 통 축하하다

□ **contest** 명 대회, 시합 통 경쟁을 벌이다, 다투다

□ **control** 명 지배, 통제, 관리 통 지배하다, 감독하다

□ **cook** 명 요리사 통 요리하다

□ **cookie**(=cooky) 명 쿠키

cookie

□ **cool** 형 시원한, 찬, 멋진, 끝내주는

cool

□ **copy** 명 복사(본) 동 복사하다, 베끼다

copy

□ **corner** 명 코너, 모퉁이

corner

□ **cost** 명 값, 원가 동 (비용이) 들다, 값이 얼마이다

cost

□ **cotton** 명 면, 목화, 면직물 형 면제품의

cotton

□ **could** 조 ~할 수 있었다, ~해 주시겠습니까?, ~해도 좋다

could

□ **count** 동 세다, 계산하다

count

□ **country** 명 국가, 나라, 지역, 시골

country

□ **couple** 명 두 개, 두 사람, 남녀 한 쌍, 부부

couple

☐ **cousin** 명 사촌

☐ **cover** 동 덮다, (~로)가득 차 있다 명 덮개, 표지

☐ **cow** 명 암소, 젖소

☐ **crazy** 형 정상이 아닌, 미친 듯이 화가 난, 미친

☐ **cross** 동 건너다, 가로지르다 명 X기호, +기호

☐ **crowd** 명 군중, 인파, 일반 대중 동 모이다, 붐비다

☐ **crown** 명 왕관

☐ **cry** 동 울다, 소리치다

☐ **culture** 명 문화

☐ **curious** 형 궁금해 하는, 호기심이 많은

□ **curtain** 명 커튼, (무대의) 막

curtain

□ **customer** 명 고객, 거래처, 손님

customer

□ **cut** 동 자르다

cut

□ **cute** 형 귀여운

cute

□ **cycle** 명 자전거, 오토바이; 주기, 순환

cycle

□ **dad**(=daddy) 명 아빠

dad

□ **dance** 명 춤, 댄스 동 춤추다

dance

□ **danger** 명 위험

danger

□ **dark** 형 어두운

dark

□ **date** 명 날짜, 시기

date

☐ **daughter** 몡 딸

☐ **day** 몡 날, 하루, 낮

☐ **dead** 혱 죽은, 죽어 있는, 생기 없는

☐ **death** 몡 죽음, 사망

☐ **decide** 통 결정하다, 결심시키다

☐ **deep** 혱 깊은, 깊이가 ~인

☐ **delicious** 혱 매우 맛있는, 냄새가 좋은, 아주 기분 좋은

☐ **dentist** 몡 치과 의사

☐ **design** 통 설계하다, 디자인하다, 고안하다

☐ **desk** 몡 책상 혱 탁상용의

□ **diary** 명 일기, 수첩

diary

□ **dictionary** 명 사전

dictionary

□ **die** 동 죽다, 사망하다

die

□ **different** 형 다른, 차이가 있는, 여러 가지의

different

□ **difficult** 형 어려운, 힘든

difficult

□ **dinner** 명 저녁(식사), 정식

dinner

□ **dirty** 형 더러운, 지저분한

dirty

□ **discuss** 동 논의하다, 논하다

discuss

□ **dish** 명 큰 접시, 요리

dish

□ **divide** 동 나누다, 분할하다, 분배하다

divide

☐ **do** 통 하다, 해나가다

☐ **doctor** 명 의사, 박사(학위)

☐ **dog** 명 개

☐ **doll** 명 인형

☐ **dolphin** 명 돌고래

☐ **door** 명 문, 문간

☐ **double** 형 두 배의, 갑절의 부 이중으로, 겹으로

☐ **down** 부 아래로, 아래에

☐ **draw** 통 끌다, 끌어당기다, 그리다, 긋다

☐ **dream** 명 꿈, 희망

357

□ **drink** 图 마시다 图 마실 것, 음료

drink

□ **drive** 图 운전하다 图 운전, 드라이브

drive

□ **drop** 图 떨어지다, 떨어뜨리다 图 방울, 물방울

drop

□ **dry** 图 마른, 건조한 图 마르다, 말리다, 닦다

dry

□ **duck** 图 오리, 오리고기

duck

□ **during** 图 ~동안, (~하는) 중에, ~사이에

during

□ **ear** 图 귀

ear

□ **early** 图 일찍 图 이른, 빠른

early

□ **earth** 图 지구, 땅, 대지

earth

□ **east** 图 동쪽, 동부 图 동쪽의

east

358

□ **easy** 형 쉬운, 용이한, 편안한

□ **eat** 동 먹다, 식사하다

□ **egg** 명 달걀, 알

□ **elementary** 형 초보의, 초급의, 초등의, 기본이 되는

□ **elephant** 명 코끼리

□ **end** 명 끝 동 끝내다, 마치다

□ **engine** 명 엔진

□ **engineer** 명 기술자, 엔지니어, 공학자

□ **enjoy** 동 즐기다, 누리다

□ **enough** 형 충분한 부 충분히, (~하기에) 족할 만큼

□ **enter** 통 ~에 들어가다, 들어가다, 가입하다

enter

□ **eraser** 명 지우개

eraser

□ **error** 명 오류, 실수, 잘못

error

□ **evening** 명 저녁, 밤

evening

□ **every** 형 모든, 충분한, 매~, ~마다

every

□ **exam** 명 시험, (의학적) 검사

exam

□ **example** 명 예, 보기

example

□ **exercise** 명 연습, 운동 통 운동을 하다, 연습하다

exercise

□ **exit** 명 출구 통 나가다, 떠나다, 퇴장하다

exit

□ **eye** 명 눈, 시력

eye

☐ **face** 명 얼굴, (표정)얼굴

☐ **fact** 명 사실, (~라는) 점

☐ **factory** 명 공장, 제작소, 제조 공장

☐ **fail** 동 실패하다, ~하지 못하다, 낙제하다

☐ **fall** 동 떨어지다, 내리다 명 떨어짐, 넘어짐; 가을

☐ **family** 명 가족, 가정, 식구

☐ **famous** 형 유명한

☐ **fan** 명 (팀·배우 등의) 팬; 선풍기, 팬

☐ **fantastic** 형 환상적인, 굉장한, 기막히게 좋은

☐ **far** 부 멀리, (~만큼) 떨어져 형 먼, 멀리있는

□ **farm** 명 농장, 사육장

farm

□ **fast** 형 빠른, 빨리 하는 부 빠르게, 빨리

fast

□ **fat** 형 살찐, 뚱뚱한, 기름기가 많은

fat

□ **father** 명 아빠, 아버지

father

□ **favorite** 형 (특별히 더) 좋아하는

favorite

□ **feel** 동 느끼다, 만져 보다, 느낌이 있다 명 느낌, 촉감

feel

□ **fever** 명 열, 발열, 열병

fever

□ **field** 명 들판, 경기장

field

□ **fight** 동 싸우다, 전투하다 명 싸움, 전투, 경기

fight

□ **file** 명 파일, 서류철

file

□ **fill** 동 가득 채우다, 가득 차다

□ **find** 동 찾다, 발견하다

□ **fine** 형 좋은, 괜찮은, 건강한

□ **finger** 명 손가락

□ **finish** 동 끝내다, 끝나다 명 (어떤 일의) 마지막 부분

□ **fire** 명 불, 화재

□ **fish** 명 (물)고기, 어류 동 낚시하다

□ **fix** 동 고치다, 고정시키다

□ **flag** 명 국기, 깃발

□ **floor** 명 바닥, 층

□ **flower** 명 꽃

flower

□ **fly** 동 날다, 비행하다 명 파리

fly

□ **focus** 동 집중하다, (초점에) 모으다 명 초점, 중심

focus

□ **fog** 명 안개, 연무

fog

□ **food** 명 음식, 식품

food

□ **fool** 명 바보

fool

□ **foot** 명 발

foot

□ **football** 명 축구, 풋볼

football

□ **for** 전 ~을 위하여, ~동안

for

□ **forest** 명 숲, 삼림

forest

☐ **forever** 튀 영원히, 끊임없이

forever

☐ **forget** 통 잊다, 깜박 잊다

forget

☐ **form** 명 모양, 종류, 형태, 서식

form

☐ **fox** 명 여우

fox

☐ **free** 형 자유로운, ~할 수 있는, 무료의

free

☐ **fresh** 형 신선한, 새로운, 상쾌한

fresh

☐ **friend** 명 친구, 벗

friend

☐ **frog** 명 개구리

frog

☐ **from** 전 ~에서, ~로 부터

from

☐ **front** 명 앞, 정면 형 앞의, 전면의

□ **fruit** 명 과일, 열매

fruit

□ **fry** 동 튀기다, 굽다

fry

□ **full** 형 가득 찬, 충분한, 완전한, 최대한의

full

□ **fun** 명 재미, 즐거움

fun

□ **future** 명 미래, 장래

future

□ **garden** 명 정원, 뜰

garden

□ **gate** 명 문, 정문, 출입구

gate

□ **gentle** 형 온화한, 부드러운, 가벼운

gentle

□ **gesture** 명 몸짓, 제스처, 몸동작

gesture

□ **get** 동 얻다, 받다, 마련하다, ~이 되다

get

□ **ghost** 명 유령, 귀신, 영혼

□ **giant** 명 거인 형 거대한

□ **gift** 명 선물, 기증품

□ **giraffe** 명 기린

□ **girl** 명 소녀, 여자아이

□ **give** 동 주다

□ **glad** 형 기쁜, 고마운

□ **glass** 명 유리, 유리잔, 한 잔(의 양)

□ **glove** 명 장갑, 글러브

□ **glue** 명 접착제, 아교 동 ~에 접착제를[로] 칠하다[붙이다], 꼭 붙여 놓다

□ **go** 통 가다, 계속하다, 떠나다

go

□ **goal** 명 골, 목표

goal

□ **god** 명 신, 우상

god

□ **gold** 명 금 형 금으로 만든[된]

gold

□ **good** 형 좋은, 즐거운, 착한

good

□ **goodbye** 감 안녕히 가세요 명 작별의 말[인사], 작별

goodbye

□ **grandmother** 명 할머니

grandmother

□ **grape** 명 포도

grape

□ **grass** 명 풀, 잔디

grass

□ **gray** 명 회색, 잿빛

gray

□ **great** 형 큰, 위대한, 훌륭한

great

□ **green** 형 녹색의 푸른 명 녹색

green

□ **ground** 명 땅바닥, 땅, 기초

ground

□ **group** 명 단체, 집단, 무리

group

□ **grow** 동 성장하다

grow

□ **guess** 동 추측하다, ~일 것이라고 생각하다 명 추측, 짐작

guess

□ **guide** 명 안내서, 안내자, 가이드

guide

□ **guy** 명 남자, 녀석, 사내

guy

□ **habit** 명 버릇, 습관

habit

□ **hair** 명 머리카락, 털

hair

369

☐ **hand** 명 손

hand

☐ **hang** 동 걸다, 매달다

hang

☐ **happen** 동 발생하다, 우연히 ~하다

happen

☐ **happy** 형 행복한, 기쁜, 즐거운

happy

☐ **hard** 형 단단한, 어려운 부 열심히

hard

☐ **hat** 명 모자

hat

☐ **hate** 동 미워하다, 싫어하다

hate

☐ **have** 동 가지다, 먹다, (병이) 걸리다

have

☐ **he** 대 그는, 그가

he

☐ **head** 명 머리, 고개, 책임자

head

☐ **headache** 명 두통, 골칫거리

☐ **heart** 명 심장, 마음, 하트

☐ **heat** 명 더위, 열, 온도, (조리용) 불

☐ **heaven** 명 천국, 천당, 낙원

☐ **heavy** 형 무거운, 많은

☐ **helicopter** 명 헬리콥터

☐ **hello/hey/hi** 감 안녕하세요 / 이봐 / 안녕

☐ **help** 동 돕다 명 도움, 지원

☐ **here** 부 여기에, 여기, 이것 명 여기, 이 곳

☐ **hero** 명 영웅, 위인, (남자)주인공

□ **high** 형 높은

high

□ **hill** 명 언덕, (낮은) 산, 비탈

hill

□ **history** 명 역사, 사학, 이력

history

□ **hit** 동 때리다, 치다

hit

□ **hobby** 명 취미

hobby

□ **hold** 동 잡다, 잡고 있다, 쥐다

hold

□ **holiday** 명 휴일, 휴가

holiday

□ **home** 명 집, 가정 형 가정의, 가정용의

home

□ **homework** 명 숙제, 과제

homework

□ **honest** 형 정직한, 순수한, 솔직한, 정당한

honest

☐ **honey** 몡 벌꿀, 꿀, 여보, 자기

honey

☐ **hope** 몡 희망 통 희망하다

hope

☐ **horse** 몡 말

horse

☐ **hospital** 몡 병원

hospital

☐ **hot** 혱 더운, 뜨거운, 매운

hot

☐ **hour** 몡 1시간, 60분, 시간

hour

☐ **house** 몡 집, 주택

house

☐ **how** 튀 어떻게, 얼마나, 어느 정도

how

☐ **however** 튀 아무리 ~해도, ~일지라도, 그렇지만, 그러나

however

☐ **human** 혱 사람의, 인간의 몡 사람, 인간, 인류

human

☐ **humor** 몡 유머, 농담, 우스운 일

humor

☐ **hundred** 몡 100, 백, 다수(몇 백, 수 백)

hundred

☐ **hungry** 혱 배고픈

hungry

☐ **hunt** 통 사냥하다, 수렵하다, 찾다 몡 사냥

hunt

☐ **hurry** 통 서두르다, 재촉하다 몡 서두름, 급함

hurry

☐ **husband** 몡 남편

husband

☐ **I** 몝 나는, 내가

I

☐ **ice** 몡 얼음, 빙하, 빙상

ice

☐ **idea** 몡 생각, 발상, 방법

idea

☐ **if** 젭 만약 ~면, ~하면, ~라면

if

□ **important** 형 중요한, 소중한, 저명한

□ **in** 전 ~에, ~안에

□ **inside** 전 ~안에, 속에 부 속으로, 안에

□ **into** 전 ~속으로, ~안으로

□ **introduce** 동 소개하다, (처음으로) 들여오다

□ **invite** 동 초대하다, 요청하다

□ **it** 대 그것, (날씨,시간,거리,기온을 나타내는) 비인칭 주어

□ **jeans** 명 청바지

□ **job** 명 직업, 일

□ **join** 동 참여하다, 가입하다, 연결하다, 함께하다

□ **joy** 명 기쁨, 환희, 기쁨의 근원

joy

□ **just** 부 꼭, 딱, 단지, 막, 겨우 형 공정한, 정당한

just

□ **keep** 동 지키다, 간직하다, 견디다

keep

□ **key** 명 열쇠, 해법, 실마리

key

□ **kick** 동 차다 명 킥, 차기

kick

□ **kid** 명 아이, 어린이

kid

□ **kill** 동 죽이다, 살인하다

kill

□ **kind** 형 친절한 명 종류

kind

□ **king** 명 왕, 국왕

king

□ **kitchen** 명 부엌, 주방

kitchen

☐ **knife** 명 칼

knife

☐ **know** 동 알다, 깨닫다, 이해하다

know

☐ **lady** 명 숙녀, 여성

lady

☐ **lake** 명 호수, 연못

lake

☐ **land** 명 땅, 토지 동 내려앉다, 착륙하다

land

☐ **large** 형 큰, 넓은, 대규모의

large

☐ **last** 형 마지막의, 지난 동 계속하다, 오래가다

last

☐ **late** 형 늦은

late

☐ **lazy** 형 게으른, 나태한, 느긋한

lazy

☐ **leaf** 명 나뭇잎, 잎

leaf

☐ **learn** 툉 배우다, 학습하다

learn

☐ **left** 혱 왼쪽의, 좌측의 툒 왼쪽으로

left

☐ **leg** 몡 다리, 발

leg

☐ **lesson** 몡 수업, 과, 교훈

lesson

☐ **letter** 몡 편지, 글자

letter

☐ **library** 몡 도서관, 서재

library

☐ **lie** 툉 눕다; 거짓말하다

lie

☐ **light** 몡 빛 혱 밝은, 가벼운

light

☐ **like** 툉 좋아하다 쩐 ~처럼, ~와 같이 혱 같은, 닮은

like

☐ **line** 몡 선, 줄

line

□ **lion** 명 사자

lion

□ **lip** 명 입술, 입

lip

□ **listen** 동 듣다, 귀를 기울이다

listen

□ **little** 형 (크기·규모가) 작은, 어린

little

□ **live** 동 살다 형 살아있는, 생방송의, 생생한

live

□ **living room** 명 거실

living room

□ **long** 형 긴, 오랫동안

long

□ **look** 동 보다, 바라보다, 찾다

look

□ **love** 명 사랑, 애정 동 사랑하다, 대단히 좋아하다

love

□ **low** 형 낮은 부 낮게, 아래로

□ **luck** 명 행운

luck

□ **lunch** 명 점심식사

lunch

□ **mad** 형 미친, 화가 난

mad

□ **mail** 명 우편, 우편물

mail

□ **make** 통 만들다, ~하다, 갖추다

make

□ **man** 명 남자, 사람

man

□ **many** 형 많은, 다수의 명 (대)다수

many

□ **map** 명 지도

map

□ **marry** 통 결혼하다, 혼인하다

marry

□ **mathematics**(=math) 명 수학

mathematics

380

□ **may** 조 ~해도 좋다, ~일지 모른다

□ **meat** 명 고기, 육류

□ **meet** 동 만나다

□ **memory** 명 기억(력), 추억, 회상

□ **middle** 명 한가운데, 중앙 형 한가운데의, 보통의

□ **might** 조 ~일지도 모른다, ~해도 된다

□ **milk** 명 우유

□ **mind** 명 마음, 정신 동 주의하다, 마음에 걸려하다

□ **mirror** 명 거울, 반영

□ **miss** 동 놓치다, 그리워하다

□ **money** 명 돈

money

□ **monkey** 명 원숭이

monkey

□ **month** 명 (한) 달, 1개월

month

□ **moon** 명 달

moon

□ **morning** 명 아침

morning

□ **mother** 명 엄마, 어머니

mother

□ **mountain** 명 산

mountain

□ **mouse** 명 쥐, 생쥐

mouse

□ **mouth** 명 입, 입 모양으로 된 것

mouth

□ **move** 동 움직이다, 이사하다

move

□ **movie** 명 영화

□ **much** 형 많은 부 매우, 많이

□ **museum** 명 박물관, 미술관

□ **music** 명 음악

□ **must** 조 ~해야 한다, ~임에 틀림없다

□ **name** 명 이름, 성명

□ **nation** 명 국가, 국민

□ **nature** 명 자연, 자연 그대로임, 천성, 본질

□ **near** 형 가까운 부 가까이

□ **neck** 명 목

★

□ **need** 图 필요하다, ~해야 한다

need

□ **never** 图 결코 ~않다

never

□ **new** 图 새로운, 새, 경험이 없는

new

□ **news** 图 뉴스, 소식

news

□ **next** 图 다음의, 바로 옆의 图 다음에, 옆에

next

□ **nice** 图 좋은, 멋진, 훌륭한

nice

□ **night** 图 밤, 저녁

night

□ **no** 图 아니다, 없다

no

□ **noon** 图 정오, 낮 12시, 한낮

noon

□ **north** 图 북, 북쪽 图 북쪽의

north

□ **nose** 몡 코, 후각

nose

□ **not** 悹 아니다, 않다

not

□ **note** 몡 노트, 메모, 쪽지 悤 필기하다, 적어두다

note

□ **nothing** 떼 아무것도 없다, 아무 일도 아니다

nothing

□ **now** 悹 지금, 이제, 지금부터

now

□ **number** 몡 수, 숫자, 번호

number

□ **nurse** 몡 간호사

nurse

□ **ocean** 몡 대양, 대해, 바다, ~양

ocean

□ **of** 쩐 ~의, ~중에

of

□ **off** 悹 멀리, 떠나서, 떨어져서 쩐 ~을 벗어나서, ~에서 (떨어져)

□ **office** 명 사무실, 사무소

office

□ **often** 부 흔히, 종종

often

□ **oil** 명 기름, 오일, 석유

oil

□ **old** 형 늙은, 나이가 ~인, 낡은

old

□ **on** 전 ~위에, ~을 타고

on

□ **one** 명 하나, 1 형 하나의, 어떤

one

□ **only** 형 유일한, 오직 ~만의 부 오직, ~만

only

□ **open** 형 열린, 열려 있는, 문을 연 동 열다

open

□ **or** 접 또는, ~이나, 그렇지 않으면

or

□ **out** 부 밖으로, 떠나서 전 밖으로, ~에서

out

□ **over** 젠 ~위에, ~위의, ~너머의 부 건너서, ~로

□ **paint** 명 그림물감, 페인트 동 칠하다, 그리다

□ **palace** 명 궁전, 왕실, 대저택

□ **pants** 명 바지, 팬츠

□ **paper** 명 종이

□ **parent** 명 부모, 학부모

□ **park** 명 공원 동 주차하다

□ **part** 명 부분, 일부, 조각, 편

□ **pass** 동 통과하다, 시험을 통과하다, 건네다, 건네주다

□ **pay** 동 지불하다, 치르다 명 지불, 급료

□ **peace** 명 평화, 평온

peace

□ **pear** 명 (과일) 배

pear

□ **pencil** 명 연필

pencil

□ **people** 명 사람들, 국민, 민족

people

□ **pick** 동 고르다, 따다, 잡다

pick

□ **picnic** 명 소풍, 피크닉

picnic

□ **picture** 명 그림, 사진

picture

□ **pig** 명 돼지

pig

□ **pink** 명 분홍색 형 분홍색의

pink

□ **place** 명 장소, 공간, 위치 동 (~에) 놓다, 두다

place

□ **plan** 명 계획, 방안 동 계획하다, 계획을 세우다

□ **play** 동 놀다, (게임, 놀이 등을) 하다, ~을 연주하다

□ **please** 부 제발, 부디

□ **P.M./p.m.** 명 오후

□ **pocket** 명 주머니, 포켓

□ **point** 명 요점, 의견, 점수, (뾰족한) 끝 동 가리키다, 겨누다

□ **police** 명 경찰, 경찰관(집합적)

□ **poor** 형 가난한, 불쌍한, 서투른

□ **potato** 명 감자

□ **power** 명 능력, 힘, 권력

□ **present** 형 출석한 명 선물; 현재 동 증정하다

present

□ **pretty** 형 예쁜, 매력적인

pretty

□ **prince** 명 왕자, 세자

prince

□ **print** 동 인쇄하다, 출판하다 명 출판, 인쇄

print

□ **prize** 명 상, 상품, 상금

prize

□ **problem** 명 문제, 과제

problem

□ **puppy** 명 강아지

puppy

□ **push** 동 밀다, 누르다

push

□ **put** 동 놓다, 두다

put

□ **puzzle** 명 퍼즐

puzzle

☐ **queen** 명 여왕

☐ **question** 명 질문

☐ **quick** 형 빠른, 신속한

☐ **quiet** 형 조용한, 한적한, 고요한

☐ **rabbit** 명 토끼

☐ **race** 명 경주, 달리기, 레이스

☐ **rain** 명 비 동 비가 오다

☐ **rainbow** 명 무지개

☐ **read** 동 읽다

☐ **ready** 형 준비가 된

□ **red** 몡빨강, 빨간색 혱빨간, 붉은

red

□ **remember** 동기억하다, 생각해내다

remember

□ **restaurant** 몡식당

restaurant

□ **restroom** 몡(공공장소의) 화장실

restroom

□ **return** 동돌아오다, 돌려주다

return

□ **rich** 혱부유한, 풍부한

rich

□ **right** 혱오른쪽의, 옳은 몡오른쪽, 옳은 것

right

□ **ring** 몡반지, 고리 동울리다

ring

□ **river** 몡강, 하천

river

□ **road** 몡길, 도로

road

□ **rock** 명 바위, 돌

□ **roof** 명 지붕

□ **room** 명 방, -실

□ **run** 동 달리다

□ **sad** 형 슬픈, 애석한

□ **safe** 형 안전한

□ **sale** 명 판매, 거래, 할인 판매

□ **salt** 명 소금

□ **same** 형 같은, 똑같은

□ **sand** 명 모래, 모래사장

□ **save** 동 구하다, (돈을) 모으다, 절약하다

save

□ **say** 동 말하다, 전하다

say

□ **school** 명 학교

school

□ **science** 명 과학, (특정의) 학문, ~학

science

□ **scissors** 명 가위

scissors

□ **score** 명 점수, 득점 동 (~의 득점을)하다

score

□ **sea** 명 바다, ~해, 파도

sea

□ **season** 명 계절, 철, 시즌

season

□ **see** 동 보다, 알다

see

□ **sell** 동 팔다, 판매하다, 팔리다

sell

□ **send** 동 보내다, 발송하다, 전하다

□ **she** 대 그녀는

□ **ship** 명 배, 선박

□ **shock** 명 충격, (의학)쇼크 동 충격을 주다

□ **shoe** 명 구두

□ **shop** 명 가게, 상점 동 (물건을) 사다, 쇼핑을 하다

□ **short** 형 짧은, 작은

□ **should** 조 ~해야 한다, ~하지 않으면 안 된다, ~할 것이다

□ **show** 동 보이다 명 공연, 프로그램

□ **shy** 형 수줍음이 많은, 부끄러워하는

□ **sick** 혱 아픈, 병든

sick

□ **side** 몡 옆, 측면

side

□ **sing** 동 노래하다, 지저귀다

sing

□ **sister** 몡 자매

sister

□ **sit** 동 앉다, ~에 있다

sit

□ **size** 몡 크기, 규모

size

□ **skin** 몡 (사람)피부, (동물)가죽

skin

□ **skirt** 몡 치마

skirt

□ **sky** 몡 하늘, 상공

sky

□ **sleep** 동 자다, ~에 묵다

sleep

□ **slow** 형 느린, 더딘

slow

□ **small** 형 작은, 적은, 소형의

small

□ **smart** 형 똑똑한, 영리한, 맵시 있는

smart

□ **smell** 동 냄새가 나다 명 냄새, 후각

smell

□ **smile** 동 웃다, 미소 짓다 명 미소, 웃음

smile

□ **snow** 명 눈 동 눈이 오다

snow

□ **so** 부 그렇게, 너무, 정말(로) 접 그래서

so

□ **soccer** 명 축구

soccer

□ **sock** 명 양말

sock

□ **soft** 형 부드러운, 푹신한, 연한

soft

□ **some** 형 약간의, 몇 개의 대 조금, 약간

some

□ **son** 명 아들, 자식, 자손

son

□ **song** 명 노래, 곡

song

□ **sorry** 형 슬픈, 유감의

sorry

□ **sound** 명 소리

sound

□ **sour** 형 (맛이) 신, 상한

sour

□ **south** 명 남쪽, 남부 형 남쪽의

south

□ **space** 명 공간, 우주, 사이

space

□ **speak** 동 이야기하다, 말하다

speak

□ **speed** 명 속력, 속도

speed

□ **spoon** 명 숟가락, 스푼

□ **stand** 동 서다, 서 있다, 일어서다

□ **start** 동 시작하다, 출발하다, 떠나다 명 출발

□ **stay** 동 계속 있다, 머물다

□ **stone** 명 돌, 석재 형 돌의, 돌로 만든

□ **stop** 동 멈추다, 막다 명 멈춤, 중단, 정류장[소]

□ **store** 명 가게, 백화점

□ **story** 명 이야기, 소설, 스토리

□ **strawberry** 명 딸기

□ **street** 명 거리, 도로, -가

□ **stress** 명 압박, 강제, 스트레스

stress

□ **strong** 형 강한, 튼튼한, 힘센

strong

□ **student** 명 학생

student

□ **study** 동 공부하다 명 공부, 학습

study

□ **subway** 명 지하철

subway

□ **sugar** 명 설탕

sugar

□ **sun** 명 태양

sun

□ **supper** 명 저녁식사, 만찬

supper

□ **swim** 동 수영하다, 수영을 하다

swim

□ **table** 명 탁자, 식탁

table

☐ **tail** 몡 꼬리

tail

☐ **take** 통 가져가다, 데리고 가다, (얼마의 시간이) 걸리다

take

☐ **talk** 통 말하다, 이야기 하다, 논의하다

talk

☐ **tall** 혱 키가 큰, 높은

tall

☐ **tape** 몡 (녹음,녹화용)테이프, (접착용)테이프, 끈

tape

☐ **taste** 통 맛을 알다[느끼다], 맛이 ~하다 몡 맛, 미각

taste

☐ **teach** 통 가르치다, 가르쳐 주다, 훈련하다

teach

☐ **teen** 몡 십대 혱 십대의

teen

☐ **telephone** 몡 전화기, 전화

telephone

☐ **tell** 통 말하다, 알리다, 알려 주다, 표현하다

tell

☐ **test** 명 시험, 검사 통 시험하다

test

☐ **textbook** 명 교과서, 교본

textbook

☐ **than** 접 ~보다(도)

than

☐ **thank** 통 감사하다

thank

☐ **that** 형 저, 이 대 저것, 저 사람

that

☐ **the** 관 그, 저

the

☐ **there** 부 그곳에, 저기에; ~이 있다(장소의 개념없이)

there

☐ **they** 대 그들, 그것들

they

☐ **thing** 명 (사물·생각 등 어떤) 것, 물건, 일

thing

☐ **think** 통 생각하다, ~일 것 같다

think

☐ **thirsty** 형 목마른, 갈망하는

thirsty

☐ **this** 대 이것, 지금 형 이, 여기의, 지금의

this

☐ **tiger** 명 호랑이

tiger

☐ **time** 명 시간, 시, 동안, (몇) 번

time

☐ **to** 전 ~으로, ~쪽에, ~에, ~에게, ~을 위하여

to

☐ **today** 명 오늘, 요즈음, 현재

today

☐ **together** 부 함께, 같이

together

☐ **tomorrow** 부 내일 명 내일

tomorrow

☐ **tonight** 명 오늘밤 부 오늘밤에(는)

tonight

☐ **too** 부 너무 (~한), ~도 (또한), 매우

too

□ **tooth** 명 이, 치아

tooth

□ **top** 명 맨 위, 꼭대기, 최고

top

□ **touch** 동 만지다, 대다, 접촉하다 명 촉각

touch

□ **tour** 명 관광, 투어, 여행

tour

□ **tower** 명 탑, 망루

tower

□ **town** 명 도시, 시내, 번화가

town

□ **toy** 명 장난감

toy

□ **train** 명 기차 동 교육시키다, 훈련받다

train

□ **travel** 동 여행하다 명 여행, 출장

travel

□ **tree** 명 나무

tree

□ **triangle** 명 삼각형, (음악)트라이앵글

triangle

□ **trip** 명 여행, 항해

trip

□ **true** 형 사실의, 참된, 진짜의

true

□ **try** 동 시도하다, 노력하다

try

□ **turn** 동 돌다, 돌리다 명 순번

turn

□ **twice** 부 두 번, 두 배로

twice

□ **type** 명 유형, 형, 타입

type

□ **ugly** 형 못생긴, 추한

ugly

□ **umbrella** 명 우산

umbrella

□ **uncle** 명 삼촌, 외삼촌, 숙부, 아저씨

uncle

□ **under** 전 ~의 아래에, (연령, 가격, 수량 등이) ~미만

under

□ **understand** 동 이해하다, 알아듣다

understand

□ **up** 부 위에, 몸을 일으켜, 일어나

up

□ **use** 동 쓰다, 사용하다 명 사용, 이용, 용도

use

□ **vegetable** 명 야채, 채소

vegetable

□ **very** 부 매우, 대단히, 몹시

very

□ **visit** 동 방문하다 명 방문

visit

□ **voice** 명 목소리, 음성, 소리

voice

□ **wait** 동 기다리다, 대기하다, 기대하다

wait

□ **wake** 동 깨다, 일깨우다

wake

□ **walk** 통 걷다, 산책하다 명 걷기, 산책

□ **wall** 명 벽, 담

□ **want** 통 원하다, 바라다, ~하고 싶어하다

□ **war** 명 전쟁, 대전

□ **warm** 형 따뜻한, 온난한, 다정한

□ **wash** 통 씻다, 세탁하다 명 씻기, 세탁

□ **watch** 통 ~을 보다, 지켜보다, 조심하다 명 (손목) 시계, 감시

□ **water** 명 물

□ **way** 명 길, 방법, 방식, 태도

□ **we** 대 우리

☐ **weak** 형 약한, 허약한

weak

☐ **wear** 동 입고[쓰고, 끼고, 신고, 착용하고] 있다 명 옷, ~복

wear

☐ **weather** 명 날씨, 일기, 기상

weather

☐ **wedding** 명 결혼, 결혼식

wedding

☐ **week** 명 주, 일주일

week

☐ **weekend** 명 주말 형 주말의

weekend

☐ **weight** 명 체중, 무게

weight

☐ **welcome** 동 환영하다 형 반가운, 환영받는

welcome

☐ **well** 부 잘, 좋게, 아주, 상당히 형 건강한, (상태) 좋은

well

☐ **west** 명 서쪽 형 서쪽의, 서향의

west

학습일   /

□ **wet** 혱 젖은, 비가 오는

wet

□ **what** 떼 무엇, 어떤 것, 얼마 혱 무슨, 어떤, 몇, 정말

what

□ **when** 뷔 언제, ~한(때)

when

□ **where** 뷔 어디에, ~한 곳 떼 어디

where

□ **white** 혱 흰, 하얀 몡 흰색

white

□ **who** 떼 누구, 누가

who

□ **why** 뷔 왜, 어째서, 무엇

why

□ **wife** 몡 아내, 처, 부인

wife

□ **will** 조 ~일[할] 것이다

will

□ **win** 통 이기다, 차지하다, 타다

win

□ **wind** 명 바람, 큰 바람

wind

□ **window** 명 창문, 창

window

□ **wish** 동 원하다, ~이기를 기원하다 명 소원, 기원

wish

□ **with** 전 ~와 함께, ~을 가지고

with

□ **woman** 명 여자, 여성

woman

□ **wood** 명 나무, 숲

wood

□ **word** 명 낱말, 말

word

□ **work** 명 일, 직장, 업무 동 일하다, 작업하다

work

□ **world** 명 세계, 세상

world

□ **worry** 동 걱정하다

worry

□ **write** 통 쓰다, 저술을 하다

write

□ **wrong** 형 틀린, 잘못된, 반대로의

wrong

□ **year** 명 해, 1년

year

□ **yellow** 명 노란색 형 노란색의

yellow

□ **yes** 부 네[대답], 그렇습니다. 맞아

yes

□ **yesterday** 부 어제 명 어제

yesterday

□ **you** 대 너, 당신, 너희들

you

□ **young** 형 젊은, 어린

young

□ **zebra** 명 얼룩말

zebra

□ **zoo** 명 동물원

zoo